DDr. Ulrike
Url-Prexl

Recht für alle

Ein juristischer Ratgeber

DDr. Ulrike
Url-Prexl

Recht für alle

Ein juristischer Ratgeber

Styria

Die Deutsche Bibliothek – CIP-Einheitsaufnahme

Url-Prexl, Ulrike:
Recht für alle : ein juristischer Ratgeber /
Ulrike Url-Prexl. –
Graz ; Wien ; Köln : Verl. Styria, 1994
ISBN 3-222-12247-4

Printed in Austria
Satz: Druck- und Verlagshaus Styria, Graz
Druck und Bindung: Wiener Verlag, Himberg
ISBN 3-222-12247-4

Inhalt

Vorwort

Die Anregung zu diesem Buch »Recht für alle« habe ich durch meine Tätigkeit als Rechtsberaterin des Ombudsmannes der KLEINEN ZEITUNG erhalten. In meiner langjährigen Praxis sind Tausende von Anfragen aus allen Berufs- und Bildungsschichten über die KLEINE ZEITUNG und den ORF an mich gerichtet worden. Die Fragen betrafen die verschiedensten Lebensinteressen und Probleme, die sich im Alltag immer wieder ergeben. Dabei war es mir möglich, sehr vielen Menschen in ihren Nöten und Problemen zu helfen. So wurde ich vielfach gebeten, eine übersichtliche Zusammenfassung jener Fragen und Antworten, die die Menschen am meisten interessieren, in Buchform herauszubringen.
Es war mein Bemühen, die juristischen Darlegungen kurz und allgemeinverständlich zu formulieren, damit jeder Leser des Buches die von ihm gewünschte Orientierung rasch und einfach finden kann.
Mein Buch will natürlich keineswegs den Rechtsanwalt ersetzen, soll aber dazu beitragen, sich richtig zu verhalten, damit unter Umständen größere rechtliche Auseinandersetzungen von vornherein vermieden werden können.
Ich hoffe, daß meine Ausführungen vielen Menschen Rat und Hilfe sein werden.

Graz, im Frühjahr 1994 DDr. Ulrike Url-Prexl

1. Kapitel **Eherecht**

Deklariertes Ziel der Familienrechtsreformen war die Gleichstellung der Ehegatten in zweierlei Hinsicht: »Zu regeln war einerseits die rechtliche Stellung der Ehegatten zueinander, also eine Definition ihrer gegenseitigen Rechte und Pflichten, andererseits die Regelungen der Wirkungen der Ehe nach außen.«
In beiden Fällen ist der Gesetzgeber völlig neue Wege gegangen, das Ehegesetz und das ABGB wurden diesbezüglich von Grund auf novelliert.

Die Verlobung und ihre rechtlichen Folgen

Die Verlobung als vorläufiges Eheversprechen ist ein Vertrag.

Die Verlobung oder das Verlöbnis ist nach herrschender Lehre ein Vertrag, der dadurch zustande kommt, daß zwei Personen verschiedenen Geschlechts ihren ernsthaften Willen erklären, Mann und Frau zu werden, das heißt, die Ehe miteinander einzugehen. Dieser Vertrag bedarf keiner Förmlichkeiten, er muß weder schriftlich noch notariell oder gerichtlich beurkundet sein. Er kommt formlos, mit dem Versprechen, einander zu ehelichen, zustande. Wenn also eine Frau und ein Mann erklären, daß sie miteinander eine Ehe eingehen wollen, so sind sie verlobt.

Da aber die Verlobung ein Vertrag ist, muß man voll handlungs- und geschäftsfähig sein. Das ist man aber erst mit Erreichen der Volljährigkeit, somit mit dem 19. Lebensjahr. Vorher ist die Zustimmung des gesetzlichen Vertreters (meist der Eltern) erforderlich. Zum Rücktritt vom Verlöbnis benötigt hingegen ein Minderjähriger keine derartige Zustimmung. Es hat aber der Partner, der keine Ursache zum Rücktritt gegeben hat, somit schuldlos am Verlöbnisbruch ist, Anspruch auf Schadenersatz. Er kann auch seine Geschenke zurückverlangen. Schaden ist jede Vermögensminderung, die ohne Verlöbnis nicht eingetreten wäre (z. B. Anschaffung der Heiratsausstattung, der Möbel, Verlust einer Arbeitsstelle u. dgl.).

Was ist eigentlich die Ehe?

Juristisch ist die Ehe ein Vertrag, durch den die Familienverhältnisse begründet werden.

Bevor ich auf die Probleme des Eherechtes näher eingehe, möchte ich den Begriff der »Ehe« kurz erläutern.

Während der Entstehungszeit des Allgemeinen Bürgerlichen Gesetzbuches (ABGB) von 1811 galten kirchlich geschlossene Ehen auch für den staatlichen Bereich. Seit 1938 müssen Ehen zur staatlichen Gültigkeit vor dem Standesbeamten geschlossen werden. Aus diesen Wurzeln stammt der Gedanke des durch das staatliche Recht geregelten Ehevertrages, wie er im ABGB festgehalten ist. Danach ist die Ehe ein *Vertrag*, in dem zwei Personen verschiedenen Geschlechts ihren Willen erklären, in unzertrennlicher Gemeinschaft zu leben, Kinder zu zeugen, sie zu erziehen und sich gegenseitig Beistand zu leisten. Obwohl seit dem Inkrafttreten des Ehegesetzes das Wesen der Ehe in der »Lebensgemeinschaft« besteht, ist der Vertragsgedanke erhalten geblieben. Eine Ehe kann nämlich nur dann zustande kommen, wenn die Willenserklärung der Brautleute, miteinander eine Ehe eingehen zu wollen, in der vom Gesetz vorgeschriebenen Form (Anwesenheit des Standesbeamten und zweier Zeugen) vor sich geht.

Wann darf geheiratet werden?

Ein Mann ist mit vollendetem 19., eine Frau mit vollendetem 16. Lebensjahr ehemündig.

Ein Mann wird mit dem vollendeten 19. Lebensjahr, eine Frau mit dem vollendeten 16. Lebensjahr ehemündig. Ein Mann, der das 18. Lebensjahr, und eine Frau, die das 15. Lebensjahr vollendet haben, können vom Gericht mit Zustimmung ihres gesetzlichen Vertreters (meist der Eltern) auf ihren Antrag hin als ehemündig erklärt werden, wenn sie für diese Ehe reif erscheinen. Diese Ausnahmeerklärung erfolgt durch einen Gerichtsbeschluß.

Eine Ehe darf jedoch nicht geschlossen werden:

1. Wenn Geschäftsunfähigkeit vorliegt (geschäftsunfähig sind u. a. Personen, die wegen Geisteskrankheit oder aus einem anderen Grund des Gebrauches der Vernunft beraubt sind, solange dieser Zustand dauert, und Personen, für die für diese Angelegenheiten ein Sachwalter bestellt wurde).
2. Grundsätzlich zwischen Blutsverwandten in gerader Linie und zwischen voll- und halbbürtigen Geschwistern.
3. Bevor eine frühere Ehe geschieden, für nichtig erklärt oder aufgehoben wurde.

Welche Urkunden braucht man zum Heiraten?

Vor der Eheschließung müssen dem Standesbeamten bestimmte Urkunden vorgelegt werden.

Die Brautleute müssen bei der Anmeldung der Eheschließung dem Standesbeamten folgende Dokumente vorlegen:

1. Geburtsurkunden bei den vor dem 1. Jänner 1939 geborenen Brautleuten. Bei jenen, die danach geboren sind, beglaubigte Auszüge aus dem Geburtenbuch, die nicht länger als sechs Monate zurückliegen.
2. Staatsbürgerschaftsnachweise der Brautleute.
3. Meldezettel der Brautleute.
4. Geschiedene benötigen das Scheidungsurteil der früheren Ehe(n) sowie frühere Heiratsurkunde(n).
5. Verwitwete müssen die Sterbeurkunde des früheren Ehepartners sowie frühere Heiratsurkunde(n) vorlegen.

Das Aufgebot, das jeder Eheschließung vorangehen mußte, wurde aus Gründen der Verwaltungsvereinfachung mit 1. Jänner 1984 abgeschafft. Sinn des Aufgebotes war es, allfällige Ehehindernisse aufzudecken. Es bestand darin, daß die beabsichtigte Eheschließung beim zuständigen Standesamt durch öffentlichen Anschlag kundgemacht wurde.

Eheliche Partnerschaft und Gleichberechtigung

Der Mann ist nicht mehr das Haupt der Familie.

Durch Gesetzesänderungen in den letzten 20 Jahren wurden die jahrhundertealten Bestimmungen des ABGB über die herrschende Rolle des Mannes in der Ehe aufgehoben. An ihre Stelle trat der Grundsatz der ehelichen Partnerschaft und der Gleichberechtigung von Mann und Frau.

Die persönlichen Rechte und Pflichten der Ehegatten zueinander sind »gleich«. Die Ehegatten sollen die eheliche Lebensgemeinschaft, besonders die Haushaltsführung und Erwerbstätigkeit, einvernehmlich gestalten. Damit können die Ehegatten frei entscheiden, wer von ihnen die Pflege der Kinder und die Hausarbeit übernimmt oder ob sie sich diese Aufgabe teilen.

Dem Gleichheitsgrundsatz entspricht es aber auch, daß nicht mehr der Mann allein für den Unterhalt der Familie aufzukommen hat, sondern daß die Ehegatten »nach ihren Kräften« zur Deckung ihrer Bedürfnisse *gemeinsam* beizutragen haben. Ebenso sind die Festlegung der gemeinsamen Wohnung und auch des Familiennamens entsprechend dem Gleichheitsgrundsatz vorzunehmen.

Das Eheleben soll gemeinsam gestaltet werden

Es besteht die Verpflichtung beider Ehegatten, im Haushalt mitzuhelfen, wenn beide berufstätig sind.

Das neue Eherecht geht von der Ehegattenautonomie aus. Das bedeutet, daß die Ehegatten selbst bestimmen, wie sie ihre Ehe gestalten wollen.
Haben sie darüber Einigung erzielt, so steht es einem Ehegatten nicht zu, einseitig von dieser Vereinbarung abzugehen. Wenn die Ehegatten vereinbart haben, daß der Mann der Familie das Einkommen verschafft und die Frau den Haushalt führt und die Kinder erzieht, so kann der Mann von der Frau nicht verlangen, daß sie einem Erwerb nachgeht. Gehen jedoch beide Ehegatten einem Erwerb nach, so sind natürlich beide verpflichtet, zur Haushaltsführung aktiv beizutragen (= Beistandspflicht).
Den Ehegatten steht es auch zu, eine Vereinbarung über den Unterhalt zu schließen, an welche sie gebunden sind, solange sich die Verhältnisse nicht wesentlich ändern. Ein vertraglicher Unterhaltsverzicht für die Zukunft während der Ehe ist dem Grunde nach jedoch nicht zulässig, ebenso nicht die Regelung über die Aufteilung des ehelichen Vermögens (ausgenommen eheliche Ersparnisse in Form eines Notariatsaktes) nach der Scheidung.

Die Verpflichtung zum gemeinsamen Wohnen

Bei Uneinigkeit über getrenntes Wohnen ist die Zustimmung des Richters ratsam.

Die aus dem Jahr 1811 stammende Verpflichtung der Ehegattin, dem Mann in seinen Wohnsitz zu folgen, wurde durch den Gleichheitsgrundsatz abgewandelt.

Obwohl nach § 90 des ABGB die Eheleute zum gemeinsamen Wohnen verpflichtet sind, gilt dies nur grundsätzlich. Durch abweichende Vereinbarung der Eheleute kann dieser Grundsatz außer Kraft gesetzt werden. Dann z. B., wenn die Ehegatten an verschiedenen Orten berufstätig sind oder ein Ehegatte einen nahen Angehörigen in dessen Wohnung pflegen muß etc. Aber auch dann, wenn die Ehegatten ein vorübergehend getrenntes Wohnen vereinbaren. Es kann jedoch jeder Ehepartner aus gerechtfertigten Gründen die Verlegung der gemeinsamen Wohnung verlangen oder vorübergehend gesondert Wohnung nehmen, wenn ihm das Zusammenleben unzumutbar ist. Sollte eine Einigung nicht zustande kommen, kann die Entscheidung des Familienrichters angerufen werden. Das grundlose Verlassen der Hausgemeinschaft stellt allerdings eine schwere Eheverfehlung nach § 49 des Ehegesetzes dar und ist ein Scheidungsgrund.

Gleichberechtigung der Namen als Familiennamen

Als Familienname kann sowohl der Name des Mannes als auch der der Frau bestimmt werden.

Nach den Bestimmungen des ABGB haben die Ehegatten den gleichen Familiennamen zu führen. Als Ausdruck der Gleichberechtigung stellt der Gesetzgeber den Verlobten frei, welchen Namen sie als Familiennamen wählen. Machen sie von der Möglichkeit, vor der Eheschließung den Familiennamen der Frau als gemeinsamen Familiennamen zu bestimmen, keinen Gebrauch, dann gilt der Name des Mannes als Familienname. Der Ehegatte, welcher seinen Namen beibehalten will, hat das höchstpersönliche Recht, seinen Namen dem Familiennamen unter Setzung eines Bindestriches nachzustellen.

Dieses Recht stand zuerst nur der Frau zu (!). Der Verfassungsgerichtshof hat aber wegen Verletzung des Gleichheitsgrundsatzes diese einseitige Regelung aufgehoben und dieses Recht mit Wirkung vom 1. März 1986 auch dem Mann eingeräumt. Ein Familienname, der aus einer geschiedenen oder aufgehobenen Ehe geführt wird, darf bei einer Wiederverehelichung weder als Familienname bestimmt noch nachgestellt werden.

Was geschieht mit dem Vermögen bei der Heirat?

Bei der Heirat bleibt grundsätzlich jeder Ehegatte Alleineigentümer seines Vermögens.

Eine junge Frau steht vor ihrer Verehelichung. Sie besitzt zwei Häuser und ein Grundstück und möchte wissen, ob ihr Mann durch die Heirat die Hälfte erhält.

Nach österreichischem Recht besteht Gütertrennung. Das heißt, wenn die Braut- oder Eheleute über die Verwendung ihres Vermögens keine besondere Übereinkunft getroffen haben, behält jeder Ehegatte sein bisheriges Eigentum. Das während der Ehe Erworbene unterliegt allerdings für den Fall der Scheidung der Aufteilung.
Die junge Frau bleibt daher weiterhin ausschließliche Eigentümerin ihres eingebrachten Vermögens; vorausgesetzt natürlich, daß die Eheleute nicht einen Gütergemeinschaftsvertrag (Notariatsakt) errichten. In diesem Fall wird jeder Ehegatte Hälfteeigentümer des bereits vorhandenen und zukünftigen Vermögens. Sonst unterliegen bei einer Ehescheidung u. a. jene Sachen nicht der Aufteilung, die z. B. ein Ehegatte in die Ehe eingebracht hat. Nur die Ehewohnung und der gemeinsame Hausrat, auf die ein Ehegatte zur Sicherung seiner Lebensbedürfnisse angewiesen ist, bilden eine Ausnahme.

Heiratsgut, im Volksmund auch Mitgift genannt

Töchter oder Enkelinnen haben Anspruch auf Heiratsgut.

Unter »Heiratsgut« versteht man jenes Vermögen, das die Ehegattin in die Ehe einbringt, um die Hausstandsgründung zu erleichtern.
Verfügt aber die Braut selbst über kein ausreichendes Vermögen, sind die Eltern der Braut (ersatzweise die Großeltern) verpflichtet, der Tochter (Enkelin) das Heiratsgut zu geben (oder verhältnismäßig dazu beizutragen).
Über die Höhe selbst sagt das Gesetz nichts aus. Nach mehreren oberstgerichtlichen Entscheidungen ist das Heiratsgut in Höhe von ca. 25 bis 30 Prozent des Jahresnettoeinkommens zu leisten.
Der Anspruch wird erst zum Zeitpunkt der Eheschließung fällig. Da er nicht verjährt, kann eine Tochter (Enkelin) auch nach vielen Jahren Ehezeit das Heiratsgut noch fordern.
Hat sie jedoch ohne Wissen oder gegen den Willen der Eltern geheiratet und das Gericht findet die Mißbilligung der Eltern als begründet, so sind die Eltern nicht verpflichtet, ein Heiratsgut zu bezahlen.

Auch für Söhne: Die Ausstattung als »Mitgift«

Daß ein Mädchen Anspruch auf Heiratsgut, die sogenannte »Mitgift« hat, ist bekannt. Weniger bekannt ist, daß auch den Söhnen eine Ausstattung zusteht.

Auch den Söhnen gebührt eine angemessene Ausstattung.

Nach § 1231 des ABGB sind nämlich die Eltern verpflichtet, in der Art, in der sie der Tochter ein Heiratsgut schulden, auch dem Sohn eine ihrem Vermögen angemessene Ausstattung zu geben. Darunter versteht die einheitliche Rechtsprechung eine Gabe für die erste Einrichtung des Haushaltes. Da die Ausstattung, wie auch das Heiratsgut, der elterlichen Unterhalts- und Versorgungspflicht entspringt, steht sie auch Söhnen zu. Die Ausstattung kann in Natural- oder Geldleistung erbracht werden. Der Anspruch muß jedoch zu Lebzeiten der Eltern geltend gemacht werden. Die Ausstattung ist, wie das Heiratsgut, erst zum Zeitpunkt der Eheschließung fällig und verjährt nicht. Der Ausstattungsanspruch ist nach ständiger Rechtsprechung – wie das Heiratsgut – in der Höhe von 25 bis 30 Prozent des Jahresnettoeinkommens des Ausstattungspflichtigen (berechnet zum Zeitpunkt der Verehelichung) zu gewähren.

Anspruch auf Heiratsgut auch bei der zweiten Ehe?

Auch bei zweiter Ehe besteht Anspruch auf Heiratsgut (bzw. Ausstattung), wenn noch nicht erhalten.

Eine Angestellte steht kurz vor ihrer zweiten Eheschließung. Da sie gelesen hat, daß einer Tochter ein Heiratsgut zusteht und sie noch keines bekommen hat, möchte sie wissen, ob dieser Anspruch auch bei einer zweiten Eheschließung noch gegeben ist.

Anspruch auf Heiratsgut (bzw. Ausstattung) besteht grundsätzlich nur einmal. Wurde der mit der ersten Ehe fällig gewordene Anspruch erfüllt, so ist er damit erloschen. Es besteht dann im Falle einer weiteren Eheschließung nach Auflösung der ersten Ehe kein Anspruch mehr.
Ist der Anspruch aber weder durch Erfüllung noch durch Verzicht erloschen, kann er auch nach Eingehen einer weiteren Ehe geltend gemacht werden. Zufolge der familienrechtlichen Natur des Anspruches unterliegt dieser nicht der Verjährung (§ 1481 ABGB). Liegen also die gesetzlichen Voraussetzungen zur Gewährung eines Heiratsgutes vor (u. a. auch das Bestehen der Ehe) und hat die Tochter noch keines bekommen, so steht ihr auch bei einer zweiten Ehe ein Heiratsgut zu.

Unterhalt: Beide Ehegatten haben dazu beizutragen

Seit der Neuordnung der persönlichen Rechtswirkungen der Ehe haben beide Ehegatten »nach ihren Kräften« zur Deckung ihrer Bedürfnisse bzw. zum Unterhalt der Familie gemeinsam beizutragen (vorher nur der Mann).
Der Ehegatte, der den gemeinsamen Haushalt führt, leistet dadurch seinen Beitrag. Er hat an den anderen Anspruch auf Unterhalt, wobei eigene Einkünfte angemessen zu berücksichtigen sind. Dieser Unterhaltsanspruch besteht auch nach Aufhebung des gemeinsamen Haushaltes weiter, sofern nicht die Geltendmachung des Unterhaltes einen Mißbrauch darstellen würde (z. B. die Ehefrau zieht zu einem anderen Mann). In diesem Fall hat die Ehefrau ihren Unterhaltsanspruch verwirkt. Ein Verlust des Unterhaltsanspruches tritt somit nur bei besonders schweren Eheverfehlungen ein. Wenn ein Ehegatte aufgrund des Verhaltens des anderen aus der Ehewohnung auszieht, sollte er die Zustimmung des Gerichts einholen, um sich den Unterhaltsanspruch in einem allfälligen Ehescheidungsverfahren abzusichern.

Unterhaltsberechtigt ist jedenfalls:
1. der keinen Beitrag leisten kann (z. B. wegen Krankheit) oder
2. der den Haushalt führt und nicht berufstätig ist.

Wie hoch ist der Unterhalt bei aufrechter Ehe?

Der einkommenslose Ehepartner hat Anspruch auf ca. 33 Prozent vom Einkommen des anderen.

Das Gesetz macht über die Höhe des Unterhaltes keine Aussage. Es spricht nur vom »angemessenen Unterhalt« oder von einer »Beitragsleistung nach Kräften«. Für die Beantwortung dieser Frage ist daher die geltende Rechtsprechung heranzuziehen. Diese unterscheidet wiederum, ob beide Ehegatten berufstätig sind oder nur einer.
Sind beide berufstätig, dann werden beide Einkommen zusammengerechnet, wobei dem, der weniger verdient, grundsätzlich 40 Prozent des gemeinsamen Einkommens abzüglich des Eigeneinkommens zukommen sollen, allerdings unter Berücksichtigung weiterer Sorgepflichten. Ein Beispiel: Der Mann verdient 14.000 Schilling, die Frau 7000 Schilling. Das Familieneinkommen beträgt somit 21.000 Schilling. 40 Prozent davon sind 8400 Schilling. Der Mann muß also der Frau 1400 Schilling zu ihrem Einkommen von 7000 Schilling dazubezahlen. Aufgrund der Gleichberechtigung gilt diese Regelung auch umgekehrt.
Hat aber der Ehepartner, der den Haushalt führt (meist die Frau), kein Einkommen, so werden ihm als Unterhalt nach der derzeit geltenden Rechtsprechung ca. 33 Prozent des Einkommens des alleinverdienenden Ehepartners zuerkannt. In beiden Fällen vermindert sich die Unterhaltspflicht für seinen Ehegatten um 4 Prozent für jedes sorgepflichtige Kind. Ebenso um 4 Prozent für einen geschiedenen, unterhaltsberechtigten Gatten.

Wer hat gemeinsame Kosten zu tragen?

Die genaue Berechnung richtet sich nach den Umständen des Einzelfalles.

Unter Zugrundelegung des auf der Vorseite angeführten Beispiels hat auch die Ehefrau etwa die Hälfte der Fixkosten (z. B. Miete, Strom etc.) zu bezahlen. Nach der Rechtsprechung kann die Berechnung dieses Beitrages entweder nach Köpfen (danach hätte jeder der Ehegatten die Hälfte zu bezahlen) oder nach dem Einkommen (danach hätte der weniger Verdienende weniger als die Hälfte zu bezahlen) erfolgen. Es muß also auch die Ehefrau von ihren 40 Prozent anteilig zu den gemeinsamen fixen Kosten beitragen. Ebenso hat der einkommenslose Ehegatte mit seinen 33 Prozent Unterhaltsanspruch zu diesen Kosten beizutragen.

Die Prozentsätze bieten nach der Rechtsprechung nur einen Anhaltspunkt für die Bestimmung der Höhe des Unterhaltes. Im konkreten Fall sind immer sämtliche vorliegenden Umstände zu berücksichtigen, so daß eine Abweichung von den Prozentsätzen möglich ist. Der Oberste Gerichtshof (OGH) steht generell auf dem Standpunkt, daß es in der österreichischen Rechtsprechung eine »Fallgerechtigkeit« zu geben hat.

Unterschied: Taschengeld – Wirtschaftsgeld

Wirtschaftsgeld: Leistungen für den Haushalt – Taschengeld: für die persönlichen Bedürfnisse.

Das ABGB kennt weder den Begriff des Wirtschafts- noch des Taschengeldes. Die Praxis hat sich dahin entwickelt, daß der Unterhaltsschuldner, meist der Ehemann, der unterhaltsberechtigten Ehefrau einen bestimmten monatlichen Betrag zur Verfügung stellt. Damit werden die Kosten der Haushaltsführung sowie die Aufwendungen für ihre rein persönlichen Bedürfnisse gedeckt. Aus dem Einkommen des Unterhaltspflichtigen werden die sogenannten fixen Haushaltsauslagen (Miete, Strom, Fernsehen, Heizung u. dgl.) abgedeckt, aus dem der Frau zur Verfügung gestellten »Wirtschaftsgeld« die Verköstigung aller im gemeinsamen Haushalt lebenden Personen, ferner die Kosten für Reinigungsmittel u. dgl.

Das Wirtschaftsgeld ist somit jene Leistung, die der Unterhaltspflichtige (meist der Mann) dem Haushaltsführenden (meist die Frau) für alle im gemeinsamen Haushalt lebenden Personen zur Verfügung stellt (z. B. für Verköstigung).

Das Taschengeld ist jener Geldbetrag, den der nicht berufstätige Unterhaltsberechtigte (meist die Frau) für seine ganz persönlichen Bedürfnisse (Pflege, Sport, Kleider, Friseur etc.) bekommt und der nur im Rahmen des Unterhaltes eingeklagt werden kann.

Schlüsselgewalt: Welche Bedeutung hat sie?

Der haushaltsführende Ehegatte ohne Einkommen vertritt den anderen bei den Geschäften des täglichen Lebens.

Die Schlüsselgewalt, die in ihrer geschichtlichen Entwicklung nur auf die Frau abgestellt war, ist durch den Gleichheitsgrundsatz geschlechtsneutral geworden.
Das Gesetz be- und umschreibt die Schlüsselgewalt folgendermaßen: »Der Ehegatte, der den gemeinsamen Haushalt führt und keine Einkünfte hat, vertritt den anderen bei den Rechtsgeschäften des täglichen Lebens, die er für den gemeinsamen Haushalt schließt und die ein den Lebensverhältnissen der Ehegatten entsprechendes Maß nicht übersteigen.«
Der andere Ehepartner haftet für diese Geschäfte also dann, wenn deren Besorgung eine ordentliche Haushaltsführung gewöhnlich mit sich bringt (z. B. Lebensmitteleinkauf, Seifen etc.). Das wird als »Schlüsselgewalt« bezeichnet.
Diese bezieht sich aber nur auf die »Rechtsgeschäfte des täglichen Lebens«, nicht aber z. B. auf den Kauf eines Pelzmantels oder einer Videokamera. In so einem Fall haftet der andere Ehepartner nicht. Die Schlüsselgewalt ist ein Ausfluß aus Unterhalt und Haushaltstätigkeit.

Schutz vor dem Verlust der Wohnung

Schutz gewähren das Gesetz und die richterliche Erlassung einer einstweiligen Verfügung.

Seit der Familienrechtsreform hat nach dem Gesetz der Ehegatte, der die Wohnung dringend benötigt, die aber dem anderen gehört, Anspruch darauf, daß dieser alles unterläßt und Vorkehrungen trifft, damit der auf die Wohnung angewiesene Ehegatte diese nicht verliert.
Dies gilt allerdings nicht, wenn das Handeln oder Unterlassen des verfügungsberechtigten Ehegatten durch die Umstände erzwungen wird (z. B. wenn die Wohnung wegen finanzieller Notlage verkauft werden muß, um den Unterhalt abzusichern). Diese gesetzliche Bestimmung des § 97 ABGB gewährt – wenn auch nur teilweisen – Schutz vor dem Verlust der Wohnung. Erfährt die Frau, daß der Mann, dem die Wohnung gehört, eine Veräußerung beabsichtigt, kann sie im Klagsweg (mit einer einstweiligen Verfügung) erwirken, daß ihm die Veräußerung untersagt wird. Diese Verfügung kann auch im Grundbuch angemerkt werden, so daß jeder Kaufinteressent davon Kenntnis haben muß bzw. müßte, um sich nicht auf seine Gutgläubigkeit berufen zu können.

Die Beziehungen zwischen Eltern und Kindern

Wechselseitige Unterhaltsverpflichtung zwischen Eltern und Kindern.

Was sagt das Gesetz zu den Rechten und Pflichten zwischen Eltern und Kindern?
Die Eltern haben für die Erziehung und das Wohl ihrer minderjährigen Kinder zu sorgen. Eltern und Kinder haben einander beizustehen, die Kinder den Eltern Achtung entgegenzubringen.
Es haben also nicht nur die Eltern für die Kinder zu sorgen, sondern auch die Kinder für die Eltern. Sollten nämlich Eltern nicht in der Lage sein, sich selbst zu erhalten, so schulden die Kinder, wenn sie über eigenes Einkommen verfügen, diesen Unterhalt. Die Unterhaltspflicht besteht allerdings nur dann, wenn Eltern ihre Unterhaltspflicht den Kindern gegenüber nicht gröblich vernachlässigt haben und soweit nicht der Ehegatte oder die Vorfahren der Eltern zur Unterhaltsleistung herangezogen werden können. Beide Eltern haben »nach Kräften« zum Unterhalt, zur Pflege und Erziehung der Kinder beizutragen. Der Unterhaltsanspruch der Kinder endet mit deren »Selbsterhaltungsfähigkeit«. Diese tritt ein, wenn das Kind in der Lage ist, seinen standesgemäßen Unterhalt selbst zu verdienen.

2. Kapitel **Lebensgemeinschaft**

Die Lebensgemeinschaft wurde im Gegensatz zur Ehe nicht als spezielles Rechtsinstitut geregelt, wie dies in anderen Staaten bereits erfolgte. Eine Regelung der Rechte und Pflichten der Partner einer Lebensgemeinschaft wird aber sicherlich im nächsten Jahrzehnt auch für den österreichischen Rechtsbereich erfolgen. Diese Beziehungen sind also derzeit nach den allgemeinen Bestimmungen des Zivilrechtes zu beurteilen. Zahlreiche Entscheidungen des Obersten Gerichtshofes liegen zu Einzelfällen jedoch vor und sind zur Beurteilung der Rechte und Pflichten in einer Lebensgemeinschaft heranzuziehen.

Die Lebensgefährten: Ihre rechtliche Stellung heute

Eine wesentlich größere Bedeutung kommt heute den Lebensgefährten zu, als es früher einmal war.

Geänderte Wertvorstellungen und gesellschaftliche Regeln führten in den vergangenen Jahrzehnten zu einer deutlichen Zunahme der Zahl von Lebensgemeinschaften. Es kommt ihnen daher im Rahmen unserer Gesellschaft eine besondere Bedeutung zu. Aus diesen Gründen und wegen zahlreicher Anfragen über die Rechte und Pflichten von Lebensgefährten sowie über den Unterschied zwischen einer Ehe und einer Lebensgemeinschaft beabsichtige ich darzulegen, wie sich der Gesetzgeber heute zur Lebensgemeinschaft stellt.
In den folgenden Beiträgen werde ich daher die wesentlichen Merkmale einer Lebensgemeinschaft mit all ihren Konsequenzen sowohl während ihres Bestehens als auch nach ihrer Beendigung behandeln.
Insbesondere werde ich auf die ständig wiederkehrenden Fragen eingehen, was eine Lebensgemeinschaft eigentlich ist, über den Unterhalt, das Erb- bzw. Mietrecht und über einen allfälligen Aufwandsersatz bei Beendigung einer Lebensgemeinschaft.

Was versteht man unter Lebensgemeinschaft?

Die <u>Geschlechts-</u>, <u>Wohnungs-</u> und <u>Wirtschaftsgemeinschaft</u> bilden die wesentlichen Merkmale einer Lebensgemeinschaft.

Wie der OGH wiederholt ausgesprochen hat, besteht das Wesen einer Lebensgemeinschaft in einem eheähnlichen Zustand, der dem typischen Erscheinungsbild des ehelichen Zusammenlebens entspricht.

Dazu gehört im allgemeinen die *Geschlechts-, Wohnungs- und Wirtschaftsgemeinschaft.* Es kann aber, wie bei einer Ehe, das eine oder andere Merkmal weniger ausgeprägt sein oder ganz fehlen. Der OGH betont jedoch, daß sich eine Lebensgemeinschaft keinesfalls auf die rein materielle Seite beschränkt, es handelt sich vielmehr um eine Bindung, die aus einem Zusammengehörigkeitsgefühl und einer seelischen Gemeinschaft entstanden ist.

Es kommt somit auf die Gesamtumstände des Einzelfalles an. Die Abgrenzungen zu anderen Rechtsformen und möglichen Beziehungen ist nicht einfach und kann nur unter Beobachtung des Einzelfalles vorgenommen werden (z. B. Urlaubsreise mit einem Arbeitskollegen, Beziehungen zum eigenen Untermieter etc.).

Die Unterhaltsfrage in der Lebensgemeinschaft

Lebensgefährten benötigen eine Unterhaltsvereinbarung, um Unterhalt durchsetzen zu können.

Derzeit haben Lebensgefährten noch keinen gesetzlich verankerten gegenseitigen Unterhaltsanspruch. Dies, obwohl eines der Charakteristika der Lebensgemeinschaft die wechselseitige Beistandsleistung, ähnlich wie in einer Ehe, ist. Fühlt sich daher ein Lebensgefährte vom Partner nicht entsprechend versorgt, so bleibt ihm derzeit praktisch nur die Möglichkeit, die Lebensgemeinschaft aufzulösen. Er kann nicht wie ein verheirateter Ehepartner Unterhaltsansprüche bei Gericht gegenüber dem anderen Partner geltend machen.

Auch im Bereich des sozialversicherungsrechtlichen Kranken- und Unfallschutzes finden wir eine gleiche Rechtslage. Der Lebensgefährte hat keinen gesetzlichen Anspruch auf Mitversorgung aus der gesetzlichen Kranken- und Unfallversicherung des anderen Lebensgefährten. Er kann aber, wenn die Lebensgemeinschaft mindestens zehn Monate gedauert hat (Nachweis durch Meldezettel und Bestätigung durch das zuständige Bezirksamt), einen Antrag auf Mitversicherung stellen, muß aber der mitversicherten Person den Haushalt führen, und es darf niemand da sein, für den ein Anspruch auf Mitversicherung besteht. Hierin liegt einer der wesentlichen Unterschiede zur Ehe.

Bei geschiedenen Ehegatten, die von ihrem geschiedenen Ehepartner Unterhalt beziehen, gibt es bei Eingehen einer Lebensgemeinschaft eine gesonderte Unterhaltsregelung.

Geschiedene Ehegatten in Lebensgemeinschaft

Achtung! Der Unterhaltsanspruch eines Geschiedenen ruht während seiner Lebensgemeinschaft.

Durch das Eingehen einer Lebensgemeinschaft tritt *Ruhen des Unterhaltsanspruches* gegenüber dem (der) geschiedenen Gatten (Gattin) ein; gleichgültig, ob der (die) Geschiedene aus der Lebensgemeinschaft seinen (ihren) Unterhalt ganz, teilweise oder überhaupt nicht bezieht. Eine Lebensgemeinschaft setzt – wie bereits erläutert – eine Geschlechts-, Wohn- und Wirtschaftsgemeinschaft voraus. Sollte die Lebensgemeinschaft erwiesen sein, kann der (die) unterhaltsverpflichtete geschiedene Ehegatte (-gattin) seine (ihre) Unterhaltsleistungen gegenüber dem ehemaligen Ehepartner, der nun eine Lebensgemeinschaft eingegangen ist, einstellen. Er hat sogar die Möglichkeit, in der Zeit der Lebensgemeinschaft geleistete Zahlungen zurückzufordern. Der Unterhaltsanspruch gegenüber dem (der) geschiedenen Gatten (Gattin) lebt jedoch bei Beendigung der Lebensgemeinschaft wieder auf.
Mit der Wiederverheiratung der (des) Unterhaltsberechtigten erlischt jedoch gemäß § 75 des Ehegesetzes die Unterhaltspflicht endgültig.

Miet- bzw. Erbrecht nach Lebensgemeinschaft?

Lebensgefährten haben zueinander kein gesetzliches Erb- bzw. Pflichtteilsrecht. Ein Mietrecht jedoch unter bestimmten Umständen.

Ein Lebensgefährte, der in einer Wohnung wohnt, die dem anderen als Mieter zur Verfügung steht, hat nach § 14 Abs. 3 des Mietrechtsgesetzes (MRG) ein gesetzliches Eintrittsrecht in die Mietrechte des verstorbenen Lebensgefährten, wenn er mit diesem bis zu dessen Tod mindestens drei Jahre hindurch in der Wohnung in einer gemäß einer Ehe eingerichteten Haushaltsgemeinschaft gelebt oder die Wohnung mit ihm gemeinsam bezogen hat.

Anders als der Ehegatte besitzt der Lebensgefährte gegenüber dem verstorbenen Partner weder ein gesetzliches Erb- noch Pflichtteilsrecht. In der Praxis kommt es oft vor, daß ein Lebensgefährte an der Vermögensbildung und Unternehmensführung des anderen mitgewirkt hat, weil dieser ihm zugesagt hat, einmal alles zu erben. Stellt sich aber im Verlassenschaftsverfahren heraus, daß der überlebende Lebensgefährte letztwillig nicht bedacht wurde, kann er für seine außergewöhnlichen Beitragsleistungen gegenüber dem Verlassenschaftsverfahren Forderungen erheben und Ersatz begehren.

Ersatzanspruch nach einer Lebensgemeinschaft?

Übliche Leistungen von Lebensgefährten sind grundsätzlich unentgeltlich.

In einer Lebensgemeinschaft, die ja auf der Eheähnlichkeit aufbaut, besteht die wechselseitige Beistandspflicht im Rahmen der häuslichen Gemeinschaft.

Soweit die Lebensgefährten einander durch Arbeit oder finanzielle Mittel den üblichen Beistand leisten (z. B. Wirtschaftsgeld, Haushaltshilfe), können sie bei Beendigung einer Lebensgemeinschaft solche Leistungen nicht rückfordern.

Soweit es sich aber im Einzelfall um Beitragsleistungen handelt, die über das Übliche hinausgehen (etwa Aufbau eines Unternehmens oder Finanzierung eines Wohnungs[um]baues oder Kreditgewährung), ergeben sich bei Beendigung einer Lebensgemeinschaft sehr wohl wechselseitige Ansprüche. Wenn ein Lebensgefährte in Erwartung einer dauerhaften Lebensgemeinschaft Leistungen erbringt, die für den anderen Teil einen dauerhaften, über das Ende der Lebensgemeinschaft hinausgehenden Nutzen bringen, so können derartige Beiträge bei Beendigung rückgefordert werden.

OGH: Auch der Schuldige hat Ersatzanspruch

Der OGH hat in seiner Entscheidung vom 10. April 1991 (3 Ob 515/91) auch dem am Scheitern der Lebensgemeinschaft Schuldigen den Ersatz der Beiträge zugesprochen, die er während der Lebensgemeinschaft erbracht hat und die dem anderen auch nach Beendigung der Lebensgemeinschaft noch von Nutzen sind. Früher konnte nur der am Scheitern der Lebensgemeinschaft Schuldlose Ersatz fordern.

Der OGH vertritt somit die Meinung, daß das Verschulden am Scheitern der Lebensgemeinschaft für die Frage des Rückersatzes ohne Bedeutung ist.

Ferner hat der Gesetzgeber nunmehr der größeren Bedeutung, die der Lebensgemeinschaft in der Gesellschaft heute zukommt, auch Rechnung getragen. Er hat den Lebensgefährten in strafrechtlicher Hinsicht dem »Angehörigenbegriff des Ehegatten, der Geschwister, Kinder, Enkel und Eltern« gleichgesetzt.

Das bedeutet, daß auch der Lebensgefährte ein gesetzliches Entschlagungsrecht bei der Zeugenaussage im Strafverfahren hat.

Das Entschlagungsrecht bei der Zeugenaussage und der Ersatzanspruch auch des am Scheitern der Lebensgemeinschaft Schuldigen zeigen die zunehmende Bedeutung der Lebensgemeinschaft.

Bei Lebensgemeinschaft: Schriftliche Vereinbarung

Ratsam: Schriftliche Vereinbarung über Unterhalt und Ersatzanspruch.

Wie meinen Ausführungen über die Lebensgemeinschaft bereits zu entnehmen war (siehe S. 44), hängt ein Ersatzanspruch nach Beendigung einer Lebensgemeinschaft von der Prüfung aller Umstände des Einzelfalles ab.

Es ist daher ratsam, gleich bei Eingehen einer Lebensgemeinschaft, also schon am Anfang, mit dem (der) Partner(in) eine Vereinbarung über eine Unterhaltsleistung und einen Ausgleichsanspruch bei Beendigung der Lebensgemeinschaft zu treffen. Mit einer derartigen Vereinbarung könnte der zweifellos in einzelnen Bereichen schwierigen Beweislage entgegengewirkt werden.

Ich empfehle daher Lebensgefährten, alle persönlichen Angelegenheiten abzusprechen und in einer schriftlichen Vereinbarung festzuhalten. Damit ist auch eine rechtlich verbindliche Regelung getroffen, und es können damit auch allfällige Unklarheiten oder Härten vermieden werden.

3. Kapitel **Kinder**

Ein weiteres Ziel der Familienrechtsreform war auch die Regelung der Rechte der Kinder. Nicht nur, daß viele Rechte der Kinder erstmals geregelt wurden, sondern auch die Gleichstellung von ehelichen und unehelichen Kindern war das Ziel des Gesetzgebers. Darüber hinaus wurden die Normen dahingehend modernisiert, um bei Vorliegen von Erziehungsmißständen im Interesse des Kindeswohles schnell und effizient reagieren zu können.

Eheliche und uneheliche Kinder sind gleichgestellt

Gleiches Recht für eheliche und uneheliche Kinder besteht auch bezüglich des Unterhaltes.

Seit den verschiedenen Familienrechtsreformen sind die unehelichen Kinder den ehelichen auch betreffend den Unterhalt vollkommen gleichgestellt. § 140 ABGB besagt dazu wörtlich: »Die Eltern haben zur Deckung der ihren Lebensverhältnissen angemessenen Bedürfnisse des Kindes unter Berücksichtigung seiner Anlagen, Fähigkeiten, Neigungen und Entwicklungsmöglichkeiten nach ihren Kräften anteilig beizutragen.«
Wie hoch der Unterhaltsanspruch des Kindes ist, hängt von den konkreten Umständen des Einzelfalles, insbesondere von seinen Bedürfnissen und den Lebensverhältnissen (also den Einkommens- und Vermögensverhältnissen, weiteren Sorgepflichten etc.) der Eltern ab. Die Eltern haften für den Unterhalt nicht solidarisch, also nicht zur ungeteilten Hand für den gesamten Unterhalt, sondern anteilsmäßig ihren finanziellen Verhältnissen entsprechend. Der Anspruch auf Unterhalt erlischt ganz oder mindert sich insoweit, als das Kind eigene Einkünfte hat.

Die vier Altersstufen

Verträge mit Minderjährigen bedürfen zu ihrer Rechtswirksamkeit grundsätzlich der Zustimmung des gesetzlichen Vertreters.

Das ABGB unterscheidet vier Altersstufen:

1. *Kinder* sind diejenigen, die das 7. Lebensjahr noch nicht vollendet haben.
2. *Unmündige Minderjährige* sind Kinder von 7 bis 14 Jahren.
3. *Mündige Minderjährige* sind solche von 14 bis 19 Jahren.
4. *Volljährig* und somit erwachsen wird man grundsätzlich mit Vollendung des 19. Lebensjahres.

Unmündige sind geschäftsunfähig, das heißt, sie können sich grundsätzlich nicht rechtsverbindlich zu Leistungen verpflichten (Ausnahme z. B. Kauf einer Schokolade oder von Zuckerln). Mündige Minderjährige (von 14 bis 19 Jahren) können sich insoweit rechtsgültig verpflichten (z. B. Kaufverträge abschließen), als sie dadurch über ihr eigenes Einkommen verfügen und ihren Lebensunterhalt nicht gefährden. Nach Ansicht des OGH müssen die Verpflichtungen in einem angemessenen Verhältnis zur Höhe des Einkommens stehen.

Wann ist ein Kind religionsmündig?

Nach Vollendung des 14. Lebensjahres ist ein Kind »religionsmündig«.

In Österreich sind mehrere Kirchen als Religionsgemeinschaften staatlich anerkannt (Katholiken, Protestanten, Orthodoxe etc.). So wurde im Jahr 1985 ein Gesetz über die religiöse Kindererziehung geschaffen.
Oft taucht die Frage auf, welchem Religionsbekenntnis ein Kind anzugehören hat, wenn z. B. der Vater evangelisch und die Mutter katholisch ist. Nach diesem Gesetz obliegt die Bestimmung des Religionsbekenntnisses bei einem Kind bis zum 10. Lebensjahr ausschließlich den Eltern. Sollten diese keine Einigung erzielen (was sehr selten vorkommt), so kann das Gericht zur Entscheidung angerufen werden. Zwischen dem 10. und 12. Lebensjahr muß das Kind vor einem beabsichtigten Religionswechsel angehört werden. Zwischen dem 12. und 14. Lebensjahr kann allerdings ein Religionswechsel gegen den Willen des Kindes nicht mehr erfolgen. Mit dem 14. Lebensjahr kann das Kind vollkommen frei entscheiden.
Für Schüler, die einer gesetzlich anerkannten Religionsgemeinschaft angehören, ist der Religionsunterricht an einer öffentlichen Schule zwar Pflichtgegenstand, die Abmeldung vom Unterricht ist aber dennoch erlaubt.

Wann ist ein Kind strafmündig?

Zwischen 14 und 19 Jahren ist man strafmündig und unterliegt den besonderen Bestimmungen des Jugendgerichtsgesetzes.

Die »mündigen Minderjährigen« (zwischen 14 und 19 Jahren) sind strafmündig. Das bedeutet, daß sie zwar vor das Strafgericht beordert werden können, sie unterliegen aber den besonderen Bestimmungen des Jugendgerichtsgesetzes. Danach ist folgendes vorgesehen:

1. Sinn und Zweck des Jugendstrafrechtes ist es, den Täter von strafbaren Handlungen abzuhalten (also vorbeugen und nicht vergelten).
2. Das Höchstausmaß der Strafe bei einem Jugendlichen ab dem 16. Lebensjahr beträgt 15 Jahre, unter dem 16. Lebensjahr zehn Jahre.
3. Das Höchstmaß aller sonst angedrohten Strafen (Geld- oder Freiheitsstrafen) wird auf die Hälfte herabgesetzt.
4. Auch dann, wenn eine Freiheitsstrafe von mehr als zwei Jahren zu erwarten wäre, ist eine bedingte Verurteilung bei einem Jugendlichen immer möglich.
5. Das Strafverfahren wegen einer Jugendstraftat ist vom Gericht vorläufig einzustellen, wenn der Sachverhalt hinreichend geklärt erscheint, die Schuld nicht als schwer anzusehen und eine Bestrafung nicht geboten ist (um den Beschuldigten von weiteren strafbaren Handungen abzuhalten).

Ist ein Vertrag eines Schülers rechtswirksam?

Mit erreichter Mündigkeit kann man grundsätzlich einen Vertrag rechtswirksam abschließen.

Eine Schülerin, 17 Jahre alt, hat sich von ihrem ersparten Taschengeld einen Fernseher gekauft. Da sie noch nicht volljährig ist und von den Eltern zur Gänze erhalten wird, möchten die Eltern wissen, ob dieser Kaufvertrag gültig ist.

Grundsätzlich kann ein Kind mit erreichter Mündigkeit, das ist mit 14 Jahren, über sein laufendes Einkommen frei verfügen, soweit dadurch nicht sein Unterhalt gefährdet ist. Da in unserem Beispiel die Schülerin von ihren Eltern versorgt wird, somit ihr Unterhalt nicht gefährdet ist und sie den Fernseher bezahlt hat, ist der Kaufvertrag rechtswirksam. Nach der Rechtsprechung ist bei Schülern, die ein Taschengeld beziehen, ein Kaufvertrag dann gültig, wenn sie den Kaufpreis bereits bezahlt haben oder in der Lage sind, diesen aus eigenen vorhandenen Ersparnissen zu bezahlen. Wenn aber der Kaufpreis erst künftig in monatlichen Raten vom Taschengeld zu bezahlen wäre, dann wäre der Kaufvertrag nur mit Genehmigung der Eltern gültig, weil das Kind keinen Rechtsanspruch auf das Taschengeld hat. Die Eltern sind grundsätzlich zur Bezahlung eines solchen nicht verpflichtet.

Wer entscheidet über den Beruf des Kindes?

Kinder über 14 Jahre entscheiden selbst bzw. können die Hilfe des Gerichtes anrufen.

Vater und Mutter haben oft unterschiedliche Vorstellungen und Wünsche über den Beruf ihres Kindes. Welche Meinung ist nun entscheidend?

§ 146 ABGB besagt u. a.: »Die Pflege des minderjährigen Kindes umfaßt besonders die Wahrung des körperlichen Wohles und der Gesundheit sowie die unmittelbare Aufsicht, die Erziehung, besonders die Entfaltung der körperlichen, geistigen, seelischen und sittlichen Kräfte, die Förderung der Anlagen, Fähigkeiten, Neigungen und Entwicklungsmöglichkeiten des Kindes sowie dessen Ausbildung in Schule und Beruf.«
Unter Zugrundelegung dieser Gesetzesstelle haben die Eltern gemeinsam zu entscheiden, welche Ausbildung ihr unmündiges Kind (unter 14 Jahren also!) erhalten soll, wobei immer das Wohl des Kindes im Mittelpunkt zu stehen hat. Bei Uneinigkeit kann das zuständige Familiengericht angerufen werden.
Bei mündigen Kindern (zwischen 14 und 19 Jahren) kommt § 147 ABGB zur Anwendung, der besagt: »Hat das mündige Kind seine Meinung über seine Ausbildung den Eltern erfolglos vorgetragen, so kann es das Gericht anrufen. Dieses hat nach sorgfältiger Abwägung der von den Eltern und dem Kind angeführten Gründe die dem Wohle des Kindes angemessenen Verfügungen zu treffen.«

Der Name des Kindes

Eheliche Kinder erhalten den gemeinsamen Familiennamen, uneheliche immer den der Mutter.

Welchen Namen bekommt ein Kind?
Der Vorname eines Kindes muß seinem Geschlecht entsprechen, muß gebräuchlich sein und darf dem Wohle des Kindes nicht schaden (ein Bub darf z. B. nicht Maria, er kann aber ausnahmsweise Karl-Maria genannt werden). Die Eltern können den (die) Vornamen des Kindes frei wählen, der Familienname des Kindes steht hingegen bereits mit der Geburt fest. Eheliche Kinder erhalten den Familiennamen ihrer Eltern (das kann entweder der Name des Vaters oder nach Vereinbarung der der Mutter sein), uneheliche Kinder den ihrer Mutter.
Ist man als Erwachsener dann mit seinem Namen unzufrieden, hat man dann eine Möglichkeit, den Namen zu ändern, und wenn ja, wie muß man da vorgehen?
Diese Möglichkeit besteht, wenn ein wichtiger Grund für die Namensänderung vorliegt (z. B. wenn der Name anstößig oder lächerlich wirkt). Zuständig für die Namensänderung sowohl des Familien- als auch des Vornamens ist nach dem Namensänderungsgesetz 1988 (NÄG) die Bezirkshauptmannschaft bzw. in größeren Städten der Magistrat.

Wann gilt ein Kind als ehelich?

Als ehelich gilt ein Kind, wenn es in aufrechter Ehe oder bis zum 302. Tag danach geboren wird.

Ein Ehepaar hat Kinder im Alter von zehn, sieben und drei Jahren. Eines Tages teilt die Frau ihrem Mann mit, daß sie einen Freund hat, von dem auch das dreijährige Kind stammt. Der Mann ist davon so betroffen, daß er sich scheiden lassen will. Wer muß für dieses Kind Unterhalt bezahlen?

Ein Kind, das während aufrechter Ehe oder bis zum 302. Tag nach Auflösung der Ehe zur Welt kommt, gilt nach dem Gesetz als ehelich. Somit gilt das dreijährige Kind nach dem Gesetz als das Kind des Ehemannes, und er ist daher als Vater auch zur Bezahlung des Unterhaltes verpflichtet. Er hat jedoch die Möglichkeit, die Ehelichkeit dieses Kindes zu bestreiten. Die Klage ist innerhalb eines Jahres ab Kenntnis von den Umständen, die für die Unehelichkeit des Kindes sprechen, frühestens aber mit der Geburt des Kindes, einzubringen. Wenn es das Familiengericht für notwendig erachtet, hängt die Beurteilung des Ausschlusses der Vaterschaft von medizinischen Untersuchungen ab. Wenn der Ehemann in unserem Beispiel als Vater ausgeschlossen wurde, kann er den von ihm für dieses dreijährige Kind bezahlten Unterhalt vom leiblichen Vater zurückfordern.

Neu:
Der positive Vaterschaftsbeweis

Die positive Methode ist ein viel sichereres Beweismittel als der negative Ausschluß durch die Blutgutachten.

Früher konnte durch die Blutuntersuchungen lediglich ein Vaterschaftsausschluß erfolgen. Durch die Fortschritte der humangenetischen Wissenschaft ist es gelungen, eine Methode zu entwickeln, die die ererbten Eigenschaften eines jeden Menschen aus der Erbinformation darstellen kann. Dies bedeutet nunmehr für die Vaterschaftsgutachten, daß aus dem Ergebnis mit höchster Wahrscheinlichkeit eine Vaterschaft festgestellt werden kann. Diese sogenannte Finger-Printing-Methode läßt die eigentliche Erbsubstanz erkennen, so daß es sich im konkreten Fall mit größter Wahrscheinlichkeit um den Vater handelt.

Dieser wesentliche Fortschritt der Wissenschaft hilft nunmehr einerseits bei der Feststellung der außerehelichen Vaterschaft und andererseits bei der Bestreitung der ehelichen Geburt. Die Finger-Printing-Methode kommt nicht teurer als die bisherige Begutachtung. Solche Untersuchungen werden am Gerichtsmedizinischen Institut der Universitäten Graz und Innsbruck sowie am Serologischen Institut der Universität Wien und demnächst auch in Salzburg durchgeführt.

Was versteht man unter Legitimation?

Uneheliche Kinder werden durch die Eheschließung der Eltern legitimiert.

Der engen Beziehung eines verliebten Paares entspringt ein Kind. Es ist der Wunsch von beiden, derzeit noch ungebunden zu bleiben und nicht des Kindes wegen zu heiraten. Sofern dieses Paar mit dem Kind in einem Haushalt wohnt, kann ein gemeinsamer Antrag bei Gericht gestellt werden, daß beiden Elternteilen die Obsorge gemeinsam zukommt.

Nach drei Jahren – die Liebe hat gehalten, die Beziehung ist noch viel enger geworden – steht der Entschluß von beiden fest, sie wollen heiraten. Das Kind, das bisher als unehelich galt, wird mit dieser nachfolgenden Eheschließung ehelich. Das heißt, das Kind wird legitimiert, es erhält damit auch den Familiennamen seiner Eltern. Wird ein mündiges Kind legitimiert, muß es der Namensänderung zustimmen, ist dieses Kind bereits verheiratet, müssen beide Ehegatten der Namensänderung zustimmen.

Pflegekinder

Durch das am 1. Juli 1989 in Kraft getretene Kindschaftsrechtsänderungsgesetz erfolgte eine rechtliche Besserstellung der Pflegeeltern. Ihnen kann nunmehr vom Gericht auch die Obsorge (also Pflege und Erziehung, Vermögensverwaltung und gesetzliche Vertretung) für das Kind ganz oder teilweise übertragen werden, wenn:

Das Wohl des Kindes ist ein Grundprinzip des Pflegschaftsverfahrens.

1. eine dem Verhältnis zwischen leiblichen Eltern und Kindern nahekommende Beziehung besteht;
2. das Pflegeverhältnis nicht nur für kurze Zeit beabsichtigt ist;
3. die Übertragung dem Wohle des Kindes entspricht.

Ganz schmerzhafte Erfahrungen, verbunden mit Kummer und finanziellen Belastungen, sind damit gemildert.

Pflegeeltern konnten oft nicht verhindern, daß ihnen das Kind weggenommen wurde, wenn es die leiblichen Eltern verlangten. Nunmehr können Pflegeeltern auch in einem Pflegschafts- oder Vormundschaftsverfahren Anträge stellen. Pflegekinder unter 16 Jahren dürfen nur mit Bewilligung des Jugendwohlfahrtsträgers in Pflege und Erziehung gegeben und nur von diesem vermittelt werden. Hiebei ist auf das Wohl des Kindes, insbesondere auf seine Bedürfnisse, Fähigkeiten, Anlagen und Neigungen, besonders Rücksicht zu nehmen.

Stiefkinder und Kostkinder

Stiefkinder haben dem Stiefelternteil gegenüber weder einen Unterhaltsanspruch noch ein gesetzliches Erb- bzw. Pflichtteilsrecht.

Neben den legitimierten Kindern, den Adoptiv- und Pflegekindern gibt es noch die Kost- und die Stiefkinder.

Bei den *Kostkindern* wird nicht wie bei den Pflegekindern ein formeller Vertrag geschlossen; es erfolgt somit keine Übernahme in Pflege. Es wird vielmehr für die vorübergehende Verpflegung und die Beaufsichtigung eines Kindes ein Entgelt geleistet. Dieses Entgelt, auch als Kostgeld bezeichnet, wird üblicherweise in monatlichen Beiträgen bezahlt.

Stiefkinder sind die leiblichen Kinder des »anderen« Ehegatten. Sie können aus einer ehelichen oder außerehelichen Beziehung stammen. Die Stiefkinder haben zum »anderen« Elternteil keine Rechtsbeziehungen, also weder einen Unterhaltsanspruch noch ein gesetzliches Erb- bzw. Pflichtteilsrecht. Durch Adoption können solche Kinder allerdings ehelichen gleichgestellt werden. Auch Namensgebung allein, also ohne weitere rechtliche Beziehungen, ist möglich.

Vater und Mutter haben gleiche Rechte und Pflichten

Vater und Mutter sind dem Kind gegenüber grundsätzlich gleichberechtigt.

Jeder Elternteil hat gegenüber seinem Kind gleiche Rechte und gleiche Pflichten. Der Grundsatz der Gleichberechtigung und Partnerschaft der Ehegatten ist auch hier zutreffend. § 137 ABGB bestimmt nämlich: »Die Eltern haben für die Erziehung ihrer minderjährigen Kinder zu sorgen und überhaupt ihr Wohl zu fördern. Eltern und Kinder haben einander beizustehen, die Kinder ihren Eltern Achtung entgegenzubringen. Die Rechte und Pflichten des Vaters und der Mutter sind grundsätzlich gleich.«

Über das Wohl der Kinder sagt § 178a ABGB: »Bei Beurteilung des Kindeswohles sind die Persönlichkeit des Kindes und seine Bedürfnisse, besonders seine Anlagen, Fähigkeiten, Neigungen und Entwicklungsmöglichkeiten, sowie die Lebensverhältnisse der Eltern entsprechend zu berücksichtigen. In die elterlichen Rechte dürfen dritte Personen nur insoweit eingreifen, als ihnen dies durch die Eltern selbst, unmittelbar aufgrund des Gesetzes oder durch eine behördliche Verfügung gestattet ist.«

Wer erhält die Obsorge bei einer Scheidung?

Als oberster Grundsatz gilt das Wohl des Kindes.

Nach dem Gesetz bleibt es den geschiedenen Eltern überlassen, zu vereinbaren, wem von beiden die Obsorge (= elterliche Rechte und Pflichten) für das Kind zustehen soll, wer also künftig das minderjährige Kind zu pflegen und zu erziehen, sein Vermögen zu verwalten und es zu vertreten hat.

Das Gericht, dem diese Vereinbarung vorzulegen ist, hat sie zu genehmigen, wenn sie dem Wohle des Kindes entspricht, wenn z. B. die Persönlichkeit des Kindes und seine Bedürfnisse, seine Anlagen etc. berücksichtigt sind. Genehmigt der Richter diese Vereinbarung nicht oder wird ihm keine Vereinbarung vorgelegt, so hat das Gericht auf Antrag unter Wahrung der Interessen der Kinder zu entscheiden, welchem Elternteil es die Obsorge zuspricht.

Nach ständiger Rechtsprechung ist dabei besonders zu berücksichtigen, daß Geschwister (insbesondere unter sieben Jahren) nach Möglichkeit nicht getrennt werden, daß das Kind eine feste Bezugsperson hat und zu welchem Elternteil es eine tiefere Beziehung oder Bindung hat etc.

Neuzuteilung der Obsorge

Eine Änderung in den Pflegeverhältnissen (oder in der Bezugsperson) ist nur aus schwerwiegenden Gründen zulässig.

Ist die Obsorge einmal einem Elternteil nach der Scheidung oder Aufhebung der ehelichen Lebensgemeinschaft zugeteilt, soll es zu einer Änderung der Pflegeverhältnisse nur aus besonders gravierenden Gründen kommen.

Das bedeutet, daß eine Änderung in den Pflege- und Erziehungsverhältnissen nur dann zulässig ist, wenn sie im Interesse des Kindes dringend geboten ist. Daher ist ein strenger Maßstab anzulegen. Der Grund dafür ist, daß eine Änderung hinsichtlich der Bezugsperson des Kindes möglichst vermieden werden soll, da eine solche für die Psyche des Kindes meist schwer zu verkraften ist. Dies zeigt sich häufig im späteren Leben von »Scheidungswaisen«, die selbst wiederum Schwierigkeiten in den Beziehungen und Bindungen zu einem anderen Partner haben.

Eine Übertragung der Obsorge ist jedenfalls dann vorzunehmen, wenn das Wohl des Kindes durch die Ausübung der Obsorge bei einem Elternteil gefährdet ist. Grundsätzlich kann die Obsorge auch durch Großeltern oder Pflegeeltern ausgeübt werden.

Obsorge auch für Enkelkinder?

Grundsätzlich sind die Großeltern (mütterlicher- oder väterlicherseits) und der uneheliche oder von der Mutter geschiedene Vater gleichberechtigt.

Meine Tochter ist 26 Jahre alt, berufstätig und nicht verheiratet. Sie hat ein vierjähriges Kind, das seit seiner Geburt bei mir ist. Der Vater kümmert sich nicht um das Kind. Was geschieht mit meinem Enkelkind, wenn meiner Tochter etwas zustoßen sollte? Kommt das Kind dann zum Vater? Welche Rechte habe ich als Großmutter?

Nach dem Kindschaftsrechtsänderungsgesetz geht die Obsorge für das uneheliche Kind nicht mehr automatisch an den Vater über, auch nicht bei Geschiedenen. Nur bei aufrechter Ehe kommt das Kind, falls ein Elternteil versterben sollte, zum Überlebenden bzw. es bleibt beim Überlebenden. In allen anderen Fällen hat das Gericht die Obsorge zuzuteilen, wobei diese an jene Person zu erfolgen hat, die die beste Beziehung zum Kind hat. Der uneheliche Vater und die (der) Großeltern (-teil), sei es mütterlicher- oder väterlicherseits, sind gleichberechtigt. Die Entscheidung muß aber dem Wohle des Kindes entsprechen. Wenn das Enkelkind seit seiner Geburt von der Großmutter gepflegt wurde und die Pflegeverhältnisse in Ordnung sind, wird voraussichtlich die Obsorge ihr zugesprochen werden.

Besuchsrecht für den »anderen« Elternteil

Das Besuchsrecht ist ein Grundrecht der Eltern-Kind-Beziehung.

Das Besuchsrecht ist das Recht des »anderen« Elternteiles, mit dem Kind persönlich in Kontakt zu bleiben, um dadurch eine Entfremdung zu verhindern.

Das Kind braucht für seine natürliche Entwicklung Vater und Mutter. Sollten sich die geschiedenen Eheleute über das Besuchsrecht nicht einigen können, so hat auf Antrag das Gericht darüber zu entscheiden. Maßgebend für die Entscheidung ist das Wohl des Kindes, wobei die Ausübung des Besuchsrechtes eine persönliche Verbundenheit von Elternteil und Kind oder zumindest die Absicht, eine solche Verbundenheit herzustellen, voraussetzt. Die bloße Befürchtung einer Irritation des Kindes reicht für die Versagung des Besuchsrechtes nicht aus. Ein über zehn Jahre altes Kind ist auf jeden Fall vom Richter anzuhören, der danach dem Kindeswohl entsprechend seine Entscheidung trifft.

Das bedeutet, daß die Häufigkeit und Länge des Besuchsrechtes von den psychischen Kriterien abhängt. Je älter das Kind ist, desto intensiver hat sich das Gericht mit seinen Wünschen zur Gestaltung des Besuchsrechtes auseinanderzusetzen. Sollte dem Kind Schaden drohen, kann das Gericht das Besuchsrecht untersagen.

Besuchsrecht auch für Großeltern?

Nach dem Gesetz dürfen Großeltern grundsätzlich mit ihren Enkelkindern Kontakt pflegen.

Auch Großeltern haben nach dem Gesetz (§ 148 Abs. 2 ABGB) das Recht, mit dem Enkelkind persönlich zu verkehren, soweit dadurch nicht die Ehe oder das Familienleben der Eltern bzw. eines Elternteiles oder deren Beziehung zu dem Kind gestört wird.
Auf Antrag der Großeltern hat das zuständige Bezirksgericht (als Pflegschaftsgericht) die Ausübung dieses Besuchsrechtes zu regeln, wobei auf das Wohl des Kindes Rücksicht zu nehmen ist. Allerdings kann nur ein objektiver Beurteilungsmaßstab und nicht die persönliche Einstellung der Eltern dafür maßgebend sein, ob das Besuchsrecht der Großeltern eine Störung ihres Familienlebens oder ihrer Beziehungen zum Kind darstellt.
Wenn das Wohl des Kindes den persönlichen Kontakt mit den Großeltern wünschenswert erscheinen läßt, muß von den Eltern verlangt werden, daß sie eine Atmosphäre schaffen, die einen solchen Kontakt ermöglicht. Andererseits haben Großeltern aber alles zu vermeiden, was zu einer Störung des Familienlebens der Eltern oder ihrer Beziehungen zum Kind führen könnte.

Mindestrechte hinsichtlich der Kinder

Das Gesetz sichert jenem Elternteil, dem nicht die Obsorge des Kindes zusteht, gewisse Mindestrechte.

Jener Elternteil, dem nicht die Obsorge für das Kind obliegt, hat das Recht auf Information über wichtige Angelegenheiten. Dazu gehören u. a.:

1. Übergabe des Kindes in fremde Pflege.
2. Änderung des Familiennamens.
3. Anerkennung der Vaterschaft zu einem unehelichen Kind.
4. Erwerb der Staatsangehörigkeit oder der Verzicht auf eine solche.
5. Vorzeitige Lösung eines Lehr-, Ausbildungs- oder Dienstvertrages.

Ein Mitspracherecht steht dem nicht sorgeberechtigten Elternteil jedoch nicht zu. Abhilfe könnte dieser Elternteil über das Gericht nur dort schaffen, wo dem Kind ein wirklicher Nachteil drohen könnte.
Der Zustimmung des anderen Elternteiles bei gemeinsamer Obsorge sowie der Genehmigung des Gerichtes bedürfen jedoch:

1. Anlegung von Geld, sofern sie nicht »mündelsicher« erfolgt.
2. Veräußerung oder Belastungen von Liegenschaften.
3. Einbringung einer Klage.
4. Verzicht auf ein Erbrecht oder die Ausschlagung einer Erbschaft, ebenso eine unbedingte Erbserklärung u. dgl.
5. Annahme einer mit Belastungen verbundenen Schenkung oder Ablehnung eines Schenkungsanbotes.

Wer muß den Unterhalt für das Kind bezahlen?

Ein Elternteil leistet Unterhalt in Geld, der andere durch Pflege und Erziehung.

Bei aufrechter Ehe haben beide Ehegatten für die Pflege und Erziehung sowie den Unterhalt der Kinder zu sorgen.

Nach der Scheidung kann grundsätzlich nur ein Elternteil die elterlichen Rechte und Pflichten (= Obsorge) des Kindes ausüben. Dadurch leistet er seinen Beitrag für die Bedürfnisse des Kindes. Der andere Elternteil hat daher monatlich den angemessenen Geldunterhalt für das Kind zu bezahlen.

Über die Höhe des Unterhaltes selbst sagt das Gesetz (wie beim Ehegattenunterhalt) ziffernmäßig nichts aus. Die Höhe richtet sich einerseits nach dem Einkommen und den weiteren Sorgepflichten des Unterhaltsverpflichteten und andererseits nach den altersbedingten Bedürfnissen des Kindes. Nach der Rechtsprechung der Gerichte gibt es aber bestimmte Richtlinien, wonach der Unterhaltsverpflichtete zur Leistung verhalten werden kann.

Wie hoch ist der Unterhalt für das Kind?

Der Unterhalt wird in Prozentsätzen berechnet, deren Höhe vom Alter des Kindes abhängt und die Bedürfnisse des Kindes mitberücksichtigt.

Das Gesetz macht über die Höhe des Unterhaltes keine Aussage. Es ist daher zur Beurteilung dieser Frage die geltende Rechtsprechung heranzuziehen. Danach gibt es gewisse Richtlinien, wonach der Unterhaltsverpflichtete zur Bezahlung von etwa folgenden Prozentsätzen seines monatlichen Durchschnittsnettoeinkommens verhalten ist:

16 Prozent: Kind 0– 6 Jahre
18 Prozent: Kind 6–10 Jahre
20 Prozent: Kind 10–15 Jahre
22 Prozent: Kind ab dem 15. Lebensjahr bis zur Selbsterhaltungsfähigkeit

Der Unterhaltspflichtige darf von diesen Prozentsätzen für jedes weitere unterhaltsberechtigte Kind unter zehn Jahren 1 Prozent und über zehn Jahren 2 Prozent abziehen; für Sorgepflichten für eine unterhaltsberechtigte, einkommenslose geschiedene Ehefrau weitere 3 Prozent.
Zur Berechnung der konkreten Unterhaltsbeträge wird das monatliche Nettodurchschnittseinkommen des Unterhaltspflichtigen herangezogen. Sämtliche Bezüge, bis auf wenige Zulagen (z. B. Schmutzzulage), gehören zur Bemessungsgrundlage.

»Playboy-Grenze«: Obergrenze für den Kindesunterhalt

Höchstgrenze bei Kindesunterhalt besagt, daß unter normalen Umständen maximal ein Unterhalt von ca. 11.000 Schilling begehrt werden kann.

Einem Kind ab dem 15. Lebensjahr stehen 22 Prozent des monatlichen Durchschnittsnettoeinkommens des unterhaltspflichtigen Vaters zu.
Wenn der Vater für seine unterhaltsberechtigte, einkommenslose, geschiedene Ehefrau Unterhalt bezahlen muß, kommen 3 Prozent in Abzug, so daß das Kind Anspruch auf 19 Prozent hat. Nehmen wir den Fall eines bestens verdienenden Vaters an, der monatlich durchschnittlich 95.000 Schilling netto verdient, keine weiteren Unterhaltspflichten hat, das Kind 20 Jahre alt ist und studiert. Muß der Vater nun monatlich an das Kind 19 Prozent von den 95.000 Schilling, somit 18.050 Schilling, bezahlen?
Nein. Nach der Rechtsprechung gibt es die sogenannte »Playboy-Grenze«. Diese ist eine Höchstgrenze beim Kindesunterhalt und soll sinnvollerweise nicht überschritten werden, da Unterhaltszahlungen ausschließlich zum Verbrauch und nicht zur Bildung von Ersparnissen dienen. Diese Grenze liegt derzeit bei monatlich ca. 11.000 Schilling. Das Kriterium für die Unterhaltsbemessung ist nämlich generell nicht nur die Leistungsfähigkeit des Verpflichteten, sondern es sind auch die Bedürfnisse des Berechtigten zu berücksichtigen.

Wer bezahlt den Sonderbedarf?

Kosten für Sonderbedarf sind vom Unterhaltsverpflichteten zusätzlich neben dem Unterhalt zu bezahlen.

Sonderbedarf sind die über den normalen Bedarf eines Kindes hinausgehenden gerechtfertigten Ansprüche. Die dafür anfallenden Kosten sind vom Unterhaltsverpflichteten zusätzlich neben dem normalen Unterhalt zu bezahlen, soweit sie nicht im (Regel-)Unterhalt Deckung finden.
Nach der Rechtsprechung der Gerichte fallen *unter den Sonderbedarf:* die Kosten einer Zahnregulierung, teure Heilungskosten, wenn diese nicht durch eine Krankenversicherung gedeckt sind, Kosten für den Schulschikurs etc.
Grundsätzlich fallen *nicht unter den Sonderbedarf:* die Kosten für den Besuch des Kindergartens, des Musik- und Ballettunterrichts, wenn das Kind dafür nicht besonders begabt ist, des Tennisunterrichts, Studienreisen, Prämien einer Krankenzusatzversicherung, Kosten für Schulbedarf, für Nachhilfestunden, nicht notwendige teure Brillen, Sport, Urlaub. Es ist aber immer auf den Einzelfall abzustellen. Wenn z. B. ein sehr hoher Unterhalt bezahlt wird, könnten die Leistungen, die sonst unter den Sonderbedarf fallen, im Unterhalt Deckung finden.

OGH: Unterhaltsanspruch auch für die Vergangenheit

Unterhaltsanspruch besteht bis zu drei Jahren rückwirkend ab Antragstellung.

Eine Mutter hat für ihre dreijährige uneheliche Tochter vom Vater noch nie Unterhalt bekommen. Nun möchte sie wissen, ob das Kind, auch wenn es ein uneheliches ist, Anspruch auf Unterhalt vom Vater hat.

Die Antwort ist ein klares Ja. Wenn der Vater des Kindes feststeht, ist dieser, unabhängig davon, ob es sich um ein uneheliches oder eheliches Kind handelt, zur Zahlung eines »angemessenen Unterhaltes« verpflichtet. Nach der derzeit geltenden Rechtsprechung hat der Vater für ein Kind bis zu sechs Jahren 16 Prozent seines Monatsdurchschnittsnettoeinkommens zu bezahlen. Nach Ansicht des OGH kann die Mutter für das Kind den Unterhalt sogar drei Jahre rückwirkend vom Vater fordern.
Vor dieser Entscheidung war ein Unterhaltsanspruch nur ab Antragstellung (zuständig ist das Bezirksgericht) zulässig. Das war für viele betroffene Mütter ein großer Nachteil. Wenn die Mutter aus eigenem den Unterhaltsanspruch, den das Kind dem Vater gegenüber hat, erfüllt hat, kann sie diesen Aufwand gegenüber dem Vater in bestimmten Fällen einklagen.

Sind Eltern verpflichtet, ein Studium zu bezahlen?

Ein Studium ist dann zu bezahlen, wenn das Kind dazu geeignet und die Finanzierung den Eltern zumutbar ist.

Ein Ehepaar hat drei Kinder. Der älteste Sohn ist 19 Jahre alt und will an der Technik studieren. Die Eltern möchten wissen, ob sie für die Kosten dieses langen Studiums aufkommen müssen.

Nach der Rechtsprechung sind bei dieser Entscheidung die konkreten Umstände, die für und gegen das Hochschulstudium sprechen, sorgfältig abzuwägen. Die Entscheidung ist so zu treffen, wie sie verantwortungsbewußte und vernünftig denkende Eltern unter Berücksichtigung aller Interessen und Pflichten zu treffen haben. Es ist davon auszugehen, daß dem Kind bei entsprechenden wirtschaftlichen Verhältnissen der Eltern die Chance eines Studiums geboten wird, wenn das Kind die dazu erforderlichen Fähigkeiten besitzt. Dies unabhängig davon, ob die Eltern selbst eine akademische Vorbildung haben.
Selbst wenn der Schulerfolg des Kindes unter dem Durchschnitt lag, spricht das noch nicht gegen seine Eignung zum angestrebten Hochschulstudium. Der Länge eines Studiums kommt überhaupt keine ausschlaggebende Bedeutung zu. Das Kind hat aber das Studium ernstlich, zielstrebig und mit mindestens durchschnittlichem Studienerfolg zu betreiben.

Unterhalt bei Studiumwechsel?

Ein Studiumwechsel ist unter bestimmten Umständen zu finanzieren.

Unsere Tochter studiert im zweiten Semester Medizin. Nun erklärt sie plötzlich, Germanistik studieren zu wollen, weil sie unbedingt Lehrerin werden möchte. Bin ich verpflichtet, den Wechsel hinzunehmen und das ganze Studium zu bezahlen?

Ein Kind hat mit durchschnittlichem Erfolg zu studieren. Da die Wahl der Studienrichtung prägend für das gesamte weitere Leben sein kann, ist einem Studenten ein gewisser Zeitraum zuzubilligen, sein Studium zu wechseln. Die Gerichte stehen sogar auf dem Standpunkt, daß verantwortungsbewußte Eltern, wenn sie wirtschaftlich hiezu in der Lage sind, für eine gesicherte berufliche Zukunft ihres Kindes Sorge zu tragen haben.
Ein Studiumwechsel ist meist dann zu tolerieren, wenn dieser möglichst bald nach dem Studiumbeginn erfolgt und das neue Studium sofort mit entsprechendem Einsatz begonnen wird. Da die Tochter in unserem Beispiel bereits nach zwei Semestern erkannt hat, daß ihr Medizin nicht liegt, und unverzüglich den Entschluß gefaßt hat, ein neues Studium zu beginnen, sind die Eltern verhalten, das neue Studium bei Vorliegen eines mindestens durchschnittlichen Erfolges zu ermöglichen.

Hat ein Student Anspruch auf eigene Wohnung?

Ein volljähriges Kind kann grundsätzlich selbst seinen Wohnsitz bestimmen.

Unsere 21jährige Tochter – das einzige Kind – studiert und wohnt bei uns. Sie hat zwei große Zimmer, volle Verpflegung, kurz gesagt alles, was sie benötigt. Plötzlich erklärte sie uns, daß sie eine eigene Wohnung brauche, um für das Studium die nötige Ruhe zu haben. Sind wir verpflichtet, der Tochter eine eigene Wohnung zu bezahlen, oder können wir verlangen, daß sie zu Hause studiert?

Die Rechtsprechung sagt, daß ein Kind mit erlangter Volljährigkeit grundsätzlich selbst seinen Wohnsitz bestimmen kann. Das bedeutet, daß die Eltern ab nun ihrer volljährigen Tochter den Unterhalt in Geld bezahlen müssen. Bisher ist von ihnen ein Teil des Unterhaltes als Naturalleistung durch Zur-Verfügung-Stellung der Wohnung, des Essens etc. erbracht worden. Nach dem Auszug eines volljährigen Kindes ist der Unterhalt aber zur Gänze in Geld zu erbringen. Die Höhe ist abhängig vom Einkommen und von weiteren Sorgepflichten der Eltern. Da es sich in unserem Fall um das einzige Kind handelt, sind 22 Prozent des monatlichen Durchschnittsnettoeinkommens in etwa als angemessen zu erachten. Sollten allerdings die wirtschaftlichen Verhältnisse der Eltern nur die Erfüllung der Unterhaltspflicht durch Naturalleistungen zulassen, ist kein Unterhaltsanspruch in Geld gegeben.

Hat ein Lehrling Anspruch auf Unterhalt?

Die Lehrlingsentschädigung wird bei der Unterhaltsfestsetzung berücksichtigt.

Der Sohn einer geschiedenen Frau ist im zweiten Lehrjahr und lebt im Haushalt der Mutter, die dadurch ihren Unterhaltsbeitrag leistet. Der Kindesvater hat mitgeteilt, daß er nicht mehr bereit ist, Unterhalt zu bezahlen. Die besorgte Mutter möchte wissen, ob mit dem Erhalt einer Lehrlingsentschädigung die Unterhaltspflicht erlischt.

Die Lehrlingsentschädigung ist, sofern sie nicht mit der Berufsausbildung verbundene Ausgaben zu decken hat (wie z. B. Kosten für Arbeitskleidung, Fahrtkosten u. dgl.), als Eigeneinkommen des Kindes anzusehen. Dieses wird bei der Unterhaltsfestsetzung berücksichtigt und mindert daher die Unterhaltsverpflichtung der Eltern.
Sollte die Lehrlingsentschädigung abzüglich der Kosten für die Berufsausbildung den nach der Rechtsprechung zu bemessenden Unterhaltsbetrag erreichen, liegt Selbsterhaltungsfähigkeit vor. In diesem Fall erlischt auch die Unterhaltspflicht des Vaters.

Unterhaltspflicht auch während des Präsenzdienstes?

Während der Militärzeit ruht grundsätzlich die Unterhaltspflicht der Eltern.

Der Sohn eines Ehepaares steht im sechsten Semester seines Medizinstudiums. Er möchte jetzt den Präsenzdienst absolvieren und dann sein Studium wieder fortsetzen. Die Eltern haben noch drei unversorgte Kinder, möchten aber dem Sohn das Studium zu Ende finanzieren. Müssen sie auch während der Militärzeit dem Sohn Unterhalt bezahlen?

Die Unterhaltspflicht der Eltern endet mit der Selbsterhaltungsfähigkeit der Kinder.
Nach der Rechtsprechung der Gerichte ist für die Dauer des Präsenzdienstes des Unterhaltsberechtigten dessen Selbsterhaltungsfähigkeit anzunehmen. Dies deshalb, weil ein Präsenzdiener Kost, Quartier und sogar ein Taschengeld erhält. Es ruht daher während der Militärzeit grundsätzlich die Unterhaltspflicht der Eltern. Nach der Militärzeit lebt diese allerdings – so eine solche besteht – wieder auf. Sollte jedoch ein Präsenzdiener besondere Bedürfnisse haben, kann ein eingeschränkter Unterhaltsanspruch ausnahmsweise gegeben sein.

Gibt es eine subsidiäre Unterhaltspflicht für das Kind?

Großeltern sind dann zum Unterhalt verpflichtet, wenn die Eltern dazu nicht in der Lage sind.

Was geschieht, wenn beide Elternteile nicht imstande sind, für den Unterhalt ihrer Kinder aufzukommen?

Nach der Rechtsprechung ist in solchen Fällen folgende Reihenfolge vorzunehmen:

Zuerst sind die Erträgnisse eines Vermögens der Kinder (so vorhanden) heranzuziehen, dann wäre die Bevorschussung des Unterhaltes durch den Staat (UVG = Unterhaltsvorschußgesetz) anzustreben, in weiterer Reihenfolge ist auf den Stamm des Vermögens des Kindes zurückzugreifen, und zuletzt ist der Unterhalt durch die Großeltern sicherzustellen.

Das Gesetz sagt nämlich wörtlich, sollten Eltern zur Leistung des Unterhaltes nach ihren Kräften nicht imstande sein, schulden ihn die Großeltern nach den den Lebensverhältnissen der Eltern angemessenen Bedürfnissen des Kindes; der Unterhaltsanspruch eines Enkels mindert sich jedoch insoweit, als ihm die Heranziehung des Stammes eigenen Vermögens zumutbar ist. Überdies hat ein Großelternteil nur insoweit Unterhalt zu leisten, als er dadurch bei Berücksichtigung seiner sonstigen Sorgepflichten den eigenen angemessenen Unterhalt nicht gefährdet.

Wann endet die Unterhaltspflicht der Eltern?

Ein Kind ist selbsterhaltungsfähig, wenn es seinen Lebensunterhalt selbst verdient.

Die Unterhaltspflicht der Eltern einem Kind gegenüber erlischt mit der Selbsterhaltungsfähigkeit des Kindes, wobei diese nicht mit der Volljährigkeit (= 19 Jahre) gleichzusetzen ist.
Nach der Rechtsprechung der Gerichte liegt Selbsterhaltungsfähigkeit dann vor, wenn ein Kind die zur Deckung seines Unterhaltes notwendigen Mittel selbst erwirbt oder in der Lage ist, die Mittel zur Bestreitung eines standesgemäßen Unterhaltes durch Arbeit selbst zu verdienen. Dies ist gewöhnlich nach einer abgeschlossenen Ausbildung der Fall. Wenn jedoch die Ausbildung nur unbeendet blieb, weil es das Kind am nötigen Einsatz hatte fehlen lassen, so tritt Selbsterhaltungsfähigkeit dann ein, wenn das Kind grundsätzlich in der Lage ist, irgendeine Arbeit zu leisten. Allerdings muß dem Kind auch eine angemessene Zeit zur Arbeitsuche eingeräumt werden. Mit der Ablegung der Reifeprüfung (Matura) ist an sich noch nicht Selbsterhaltungsfähigkeit erlangt.

Kann die Unterhaltspflicht für das Kind wieder aufleben?

Bei unverschuldeter Not lebt die Unterhaltspflicht wieder auf.

Der Sohn eines Ehepaares hat nach Beendigung seines Studiums gleich eine Stelle bekommen und mit Freude seinen Beruf begonnen. Kurz danach wurde er durch eine plötzliche Krankheit so schwer behindert, daß er voraussichtlich seinen Beruf nicht mehr wird ausüben können. Die besorgten Eltern möchten wissen, ob sie zukünftig für den Unterhalt aufkommen müssen.

Ja! Wenn sich ein Kind in einer Notlage befindet und aus unverschuldeten Gründen (wie z. B. Krankheit oder Verarmung) seinen Unterhalt nicht mehr verdienen kann, lebt die Unterhaltspflicht dem Kind gegenüber wieder auf, unabhängig vom Alter des Kindes. Der Verlust der einmal erlangten Selbsterhaltungsfähigkeit kann in jedem Lebensalter des Kindes eintreten. Nach der Rechtsprechung führt dies zum Wiederaufleben des Unterhaltsanspruches den Eltern gegenüber, wobei jedenfalls die Erträgnisse aus Vermögen u. dgl. für den eigenen Unterhalt heranzuziehen sind. Eine bloße Einkommensminderung bedeutet jedoch nicht den Verlust der Selbsterhaltungsfähigkeit.

Wann wird der Unterhalt vom Staat bevorschußt?

Der Unterhalt wird u. a. dann bevorschußt, wenn eine Exekution gegen den Unterhaltspflichtigen erfolglos blieb.

Mit dem Unterhaltsvorschußgesetz 1976 (novelliert 1980) kann unterhaltsberechtigten österreichischen oder staatenlosen im Inland lebenden minderjährigen Kindern vom Staat ein Vorschuß auf ihre gesetzlichen Unterhaltsansprüche gewährt werden, wenn der an und für sich Unterhaltspflichtige (meist der Kindesvater) seiner Unterhaltspflicht nicht nachkommt. Die Bevorschussung erfolgt meist dann, wenn bereits ein rechtskräftiger Unterhaltstitel (= Urteil, Beschluß, Vergleich) vorliegt und eine Exekution gegen den Unterhaltsverpflichteten (meist der Vater, der jedoch mit dem Kind nicht im gemeinsamen Haushalt wohnen darf) entweder erfolglos geblieben ist oder von vornherein als aussichtslos erscheint.
Der Vorschuß wird grundsätzlich in der Höhe des vorliegenden Unterhaltstitels gewährt, jedoch nur bis zu einer Höchstgrenze von derzeit 4312 Schilling. Wenn der Unterhaltsverpflichtete die Festsetzung eines angemessenen Unterhaltes verhindert, so wird der Vorschuß derzeit in folgender Höhe gewährt:

Kinder von 0 bis 6 Jahren: 1161 Schilling
Kinder von 6 bis 14 Jahren: 2322 Schilling
Kinder von 14 bis 19 Jahren: 3483 Schilling

Vorschüsse werden auch gewährt, wenn sich der Unterhaltspflichtige im Inland in Haft von mehr als einem Monat Dauer befindet. Wenn der Unterhaltstitel älter als drei Jahre und aufgrund des Verhaltens des Vaters eine Erhöhung nicht durchführbar ist (z. B. unbekannter Aufenthalt), können auch obige Richtsätze für die Bevorschussung herangezogen werden.

Wie teuer kann ein Unterhaltsprozeß sein?

Das Anwaltshonorar richtet sich nach dem Streitwert. Bemessungsgrundlage ist der 36fache Unterhaltsbetrag.

Das Problem bei Unterhaltsprozessen ist nicht zuletzt auch die Kostenfrage. Diese hängt von der Bemessung des Streitwertes ab, wonach sich auch das Anwaltshonorar richtet. Es wird der 36fache Unterhaltsbetrag als Bemessungsgrundlage, sowohl für die Gerichtsgebühren als auch für das Anwaltshonorar, herangezogen. Dadurch können in Unterhaltsprozessen eminente Prozeßkosten entstehen, die durch den Aufwand keine Deckung finden. Es ist daher ohnedies eine alte Forderung, diese Bemessungsgrundlage neu festzusetzen. Diesem Anliegen ist der Gesetzgeber bisher jedoch nicht nähergetreten.

Die Unterhaltsbemessung für minderjährige Kinder findet im sogenannten außerstreitigen Verfahren statt, wodurch kein Kostenersatz durch den unterliegenden Elternteil gegeben ist, so daß jeder dafür die Kosten selbst zu tragen hat. Das außerstreitige Verfahren sieht für Unterhaltsangelegenheiten auch geringe Gebühren vor.

Familienbeihilfe: Ihre Bedeutung für den Unterhalt

Die Familienbeihilfe ist kein eigenes Einkommen des Kindes und mindert daher nicht dessen Unterhaltsanspruch.

Der Gesetzgeber hat bewußt die Familienbeihilfe zusätzlich zum Unterhalt des Unterhaltspflichtigen gewährt. Die Familienbeihilfe stellt kein eigenes Einkommen des Kindes dar und darf daher bei der Berechnung der Unterhaltshöhe nicht unterhaltsmindernd wirken. Sinn und Zweck der Familienbeihilfe ist eine Hilfestellung für den, der das Kind in seinem Haushalt pflegt, erzieht und versorgt.

Anspruch auf die Familienbeihilfe hat daher (seit 1. Jänner 1992) der Elternteil, der den Haushalt überwiegend führt, dem das Kind angehört. Nach gesetzlicher Vermutung ist das die Mutter, der Beweis des Gegenteils ist zulässig. Der Antrag auf Familienbeihilfe ist beim zuständigen Finanzamt zu stellen. Die Familienbeihilfe beträgt für Kinder unter zehn Jahren seit 1. Jänner 1992 1400 Schilling, für Kinder über zehn Jahren 1650 Schilling. Für anspruchsberechtigte Kinder ab dem 19. Lebensjahr, die in Berufsausbildung stehen, beträgt die Familienbeihilfe seit 1. September 1992 1950 Schilling. Sie wird unter gewissen Voraussetzungen bis zum 27. Lebensjahr gewährt.

4. Kapitel **Adoption**

Die Beziehungen zwischen den Adoptiveltern, Adoptivkindern und leiblichen Kindern wurden bereits vor den Familienrechtsreformen geregelt, es erfolgten hier nur mehr kleine Anpassungen. In der Praxis zeigt sich, daß auf diesem Gebiet kein neuer Regelungsbedarf besteht, die Aufklärung adoptionswilliger Eltern über die gültigen Normen steht im Vordergrund, insbesondere im Hinblick auf Kriegswaisen aus dem nahen Ausland, um den Kindern eine schöne Jugend mit Zukunftsperspektiven bieten zu können.

Sinn und Rechtsfolgen der Adoption

Durch Adoption kann der Kinderwunsch erfüllt werden.

Der sehnlichste Wunsch eines Ehepaares, ein Kind zu bekommen, geht häufig nicht in Erfüllung. Manchmal sind es auch alleinstehende Personen, die sich nichts mehr wünschen, als ein Kind zu umsorgen und großzuziehen. Der Gesetzgeber hat einen Weg gefunden, diese schöne und verantwortungsvolle Aufgabe auch in solchen Fällen zu ermöglichen. Dieser Weg heißt *Adoption* oder *Annahme an Kindes Statt.*

Auf den folgenden Seiten behandle ich daher die Adoption oder Annahme an Kindes Statt mit all ihren rechtlichen Vorschriften, die das Zustandekommen einer Adoption zur Bedingung haben, sowie all ihre daraus resultierenden rechtlichen Konsequenzen. Im besonderen werde ich auf die Fragen, wer für den Unterhalt aufzukommen hat, welchen Namen das Adoptivkind führt, ob durch Adoption ein Erbrecht begründet wird, ob die leiblichen Eltern ein Besuchsrecht haben etc., näher eingehen.

Wie kommt eine Adoption zustande?

Der Adoptivvater muß grundsätzlich mindestens 30, die Adoptivmutter mindestens 28 Jahre alt sein. Der Altersunterschied zum Wahlkind muß mindestens 18 Jahre betragen.

Die Adoption kommt durch einen schriftlichen Vertrag zwischen dem Annehmenden und dem Adoptivkind, auch Wahlkind genannt, und durch gerichtliche Bewilligung auf Antrag einer dieser beiden Vertragsteile zustande. Für die Bewilligung der Adoption ist das Bezirksgericht (Familiengericht) zuständig. Ist das Wahlkind noch nicht volljährig, schließt sein gesetzlicher Vertreter diesen Vertrag mit dem Annehmenden ab.

Der Wahl- oder Adoptivvater muß grundsätzlich mindestens 30 Jahre alt sein, die Wahl- oder Adoptivmutter 28 Jahre. Wenn die Ehegatten gemeinsam adoptieren oder das Wahlkind ein leibliches Kind des Ehegatten des Annehmenden (sein Stiefkind also) ist, kann diese Altersgrenze auch unterschritten werden. Dies jedoch nur dann, wenn das Adoptivkind bereits im Familienverband gelebt hat. Ferner müssen die Adoptiveltern mindestens 18 Jahre älter sein als das Wahlkind. Eine Unterschreitung auf 16 Jahre ist jedoch erlaubt, wenn zwischen den Adoptiveltern und dem Wahlkind bereits eine Eltern-Kind-Beziehung besteht, ferner bei Verwandten (z. B. Nichte) oder einem Stiefkind.

Wann ist eine Adoption zu bewilligen?

Die Adoption muß zum Wohle des Adoptivkindes sein.

Einer Adoption ist grundsätzlich nur dann zuzustimmen, wenn eine Beziehung – wie sie zwischen leiblichen Eltern und Kindern üblich ist – besteht oder hergestellt werden soll. Sie muß dem *Wohle* des minderjährigen Wahlkindes dienen.
Ehegatten dürfen in der Regel nur gemeinsam adoptieren. Ist das Adoptivkind volljährig, dann muß ein gerechtfertigtes Anliegen der (des) Adoptiveltern (-teiles) oder des Wahlkindes zur Adoption gegeben sein. Die Bewilligung ist vom Gericht zu versagen, wenn ein begründetes Anliegen eines leiblichen Kindes der (des) Adoptiveltern (-teiles) entgegensteht, insbesondere wenn dessen Unterhalt oder Erziehung gefährdet wäre. Wirtschaftliche Beweggründe sind nicht zu beachten, es sei denn, die Adoption dient dem Zweck, ein leibliches Kind zu schädigen.
Die gerichtliche Bewilligung hängt auch von der Zustimmung folgender Personen ab:

1. Die Eltern des minderjährigen Adoptivkindes müssen immer zustimmen.
2. Der Ehegatte des Adoptivelternteiles (wenn dieser nicht mitannehmen konnte, weil er z. B. die gesetzlichen Voraussetzungen nicht erfüllt) und der des Adoptivkindes (wenn vorhanden).

Sollte eine der genannten Personen die Zustimmung, ohne triftige Gründe zu haben, verweigern, so hat das Gericht diese auf Antrag des Adoptierenden oder des Adoptivkindes zu ersetzen.

Wer muß den Unterhalt bezahlen?

Unterhaltspflichtig: Primär die (der) Adoptiveltern (-teil), sekundär die (der) leibliche(n) Eltern (-teil).

Eine Adoption begründet die gleichen Rechtswirkungen wie die eheliche Abstammung. Wird das Wahlkind durch (einen) Ehegatten angenommen, so erlöschen die familienrechtlichen Beziehungen zwischen den (dem) leiblichen Eltern (-teil) und deren (dessen) Verwandten einerseits und dem Wahlkind und dessen minderjährigen Nachkommen andererseits. Aufrecht bleiben jedoch die Pflichten der leiblichen Eltern und deren Verwandten, allerdings nur subsidiär (!), zur Leistung des Unterhaltes, des Heiratsgutes und der Ausstattung gegenüber dem Wahlkind und dessen minderjährigen Nachkommen. Das gleiche gilt grundsätzlich für die Unterhaltspflicht des Wahlkindes gegenüber den leiblichen Eltern, sofern diese ihre Unterhaltspflicht gegenüber dem noch nicht 14 Jahre alten Kind vor dessen Adoption nicht gröblich vernachlässigt haben. Durch die Adoption sind also die (der) Adoptiveltern (-teil) dem Wahlkind gegenüber primär zum Unterhalt verpflichtet. Umgekehrt hat auch der Adoptierende im Falle der Not gegenüber dem Wahlkind Anspruch auf Unterhalt.

Nur dann, wenn die Adoptiveltern ihre Unterhaltspflicht nicht erfüllen können, lebt die der leiblichen Eltern wieder auf.

Welchen Namen führt das Adoptivkind?

Das Adoptivkind erhält grundsätzlich den Namen der (des) Adoptiveltern (-teils).

Das Wahlkind erhält grundsätzlich den Familiennamen des Annehmenden. Wird jedoch ein Verheirateter (Mann oder Frau) adoptiert, sieht das Gesetz eine Sonderregelung vor, da sonst ja der adoptierte Ehegatte den Namen des Adoptierenden erwerben, der Ehepartner jedoch den bisherigen Familiennamen weiterführen würde. Dies wäre aber der Bestimmung des ABGB, daß die Ehegatten den gleichen Familiennamen zu führen haben, widersprechend.

Das Gesetz bestimmt daher, daß entweder beide Ehegatten den neuen Namen annehmen oder gar keiner. Wenn nämlich der nicht adoptierte Ehegatte noch vor der gerichtlichen Bewilligung der Adoption der Namensänderung zustimmt, dann erhält auch er den Adoptivnamen, obwohl er selbst nicht adoptiert worden ist. Sollte er aber nicht zustimmen, behält sowohl er als auch sein adoptierter Ehepartner den bisherigen Familiennamen bei. Hier ändert sich nur der Geschlechtsname (z. B. Mädchenname) des adoptierten Ehegatten. Für diesen gilt der Name des Adoptierenden (dies ist unter Umständen bei einer Ehescheidung von Bedeutung).

Wird durch Adoption ein Erbrecht begründet?

Ein Adoptivkind erbt doppelt: 1. nach den Adoptiveltern und 2. nach den leiblichen Eltern.

Gemäß § 182 Abs. 1 des ABGB entstehen durch Adoption zwischen den Adoptiveltern und dem Adoptivkind die gleichen Rechte, wie sie durch die eheliche Abstammung begründet werden. Das Adoptivkind wird daher den (dem) Adoptiveltern (-teil) gegenüber erb- und pflichtteilsberechtigt. Das Erbrecht gegenüber seinen leiblichen Eltern und deren Verwandten bleibt aber dennoch aufrecht.

Das Adoptivkind hat somit ein *doppeltes* Erbrecht. Nach dem Tod des Adoptivkindes gehen jedoch nach der gesetzlichen Erbfolge die Adoptiveltern und deren Nachkommen den leiblichen Eltern und deren Nachkommen vor. Das heißt, daß zuerst die (der) Adoptiveltern (-teil) erben (erbt). Erst dann, wenn diese nicht erben können oder wollen, erben die leiblichen Eltern.

Wurde das Adoptivkind z. B. nur durch einen Wahlvater angenommen und leben noch seine leiblichen Eltern, so fällt der Nachlaß zur Hälfte dem Wahlvater und zur anderen Hälfte seiner leiblichen Mutter zu.

Haben die leiblichen Eltern ein Besuchsrecht?

Durch Adoption erlischt das Besuchsrecht der (des) leiblichen Eltern (-teils).

Wie ich bereits erläutert habe, erlöschen durch die Adoption grundsätzlich alle familienrechtlichen – also nicht nur vermögensrechtlichen – Beziehungen zwischen dem Adoptivkind und seinen minderjährigen Nachkommen einerseits und den (dem) leiblichen Eltern (-teil) und deren (dessen) Verwandten andererseits. Wie verhält es sich aber mit dem Besuchsrecht? Sollen leibliche Eltern ihr eigenes Kind womöglich nicht mehr besuchen bzw. sehen dürfen?

So ist es. Da durch die Adoption die familienrechtlichen Beziehungen zu den (dem) leiblichen Eltern (-teil) erloschen sind, werden diese zu den (dem) Adoptiveltern (-teil) neu begründet. Sie (Dieser) treten (tritt) somit in allen Belangen in die Rechte und Pflichten der bisherigen Eltern ein.

Diese gesetzliche Regelung bezieht sich auch auf das Besuchsrecht. Daher sagt der Gesetzgeber, daß nach rechtskräftiger Adoption den (dem) leiblichen Eltern (-teil) kein Besuchsrecht zum Adoptivkind mehr zusteht, da dieses die neue familiäre Beziehung stören könnte.

Unterschied: Adoption – Namensgebung

Das Adoptivkind ist dem ehelichen Kind gleichgestellt, eine Namensgebung ist ohne Rechtsfolgen.

Adoption: Durch die Adoption erhält das Adoptivkind die gleichen Rechte wie ein eheliches Kind. Daher ist das Adoptivkind den Adoptiveltern gegenüber erb- und unterhaltsberechtigt.

Namensgebung: Die gesetzliche Einrichtung der Namensgebung bewirkt im Gegensatz zur Adoption nur das Recht und die Pflicht der Namensführung. Die Namensgebung ist für uneheliche minderjährige Kinder vorgesehen, die den Geschlechtsnamen der Mutter zu führen haben. Es kann entweder der Ehemann der Mutter oder der außereheliche Vater des Kindes unter bestimmten Voraussetzungen dem minderjährigen Kind seinen Familiennamen geben. Diese Namensgebung bedarf der Zustimmung der Mutter, des gesetzlichen Vertreters des Kindes und des Kindes selbst, wenn es das 14. Lebensjahr vollendet hat. Im Falle der Namensgebung durch den Ehemann der Mutter ist außerdem die Zustimmung des außerehelichen Vaters, im Falle der Namensgebung durch den Vater die Zustimmung seiner Ehefrau und die des Ehemannes der Mutter erforderlich.

Kann eine Adoption rückgängig gemacht werden?

Aufhebung und Widerruf der Adoption sind nur aus den im Gesetz taxativ genannten Gründen möglich.

Es kommt manchmal vor, daß Adoptiveltern über das Verhalten und gewisse Charaktereigenschaften ihres Wahlkindes sehr enttäuscht sind. Die daraus resultierende Frage, ob die Adoption auch ohne Zustimmung des Adoptivkindes rückgängig gemacht werden kann, ist zu verneinen.

Die Wahlkindschaft ist vom Gericht aufzuheben, und zwar dann, wenn die Wahleltern und das Wahlkind die Aufhebung gemeinsam beantragen. Eine einseitige Aufhebung ist somit nicht möglich. Nach der Rechtsprechung der Gerichte bildet z. B. eine Änderung im Verhalten des Wahlkindes oder eine Enttäuschung über die Entwicklung des Wahlkindes keinen Aufhebungsgrund. Auch eine bloße Verschlechterung der Beziehungen zwischen den Wahleltern und dem Wahlkind stellt noch keinen Aufhebungsgrund dar. Der Widerruf erfolgt rückwirkend nur aus dem Grund, weil der Adoptionsvertrag überhaupt nicht hätte zustande kommen dürfen (z. B. wegen Anwendung von List, Zwang, nicht jedoch Irrtum). Die Gründe sind im Gesetz taxativ aufgezählt.

5. Kapitel Scheidung

Steigende Scheidungszahlen in den letzten Jahrzehnten haben Neuregelungen der Scheidung und deren Folgen notwendig gemacht. Die diesbezüglichen Reformen haben neue Scheidungsmöglichkeiten eingeführt. Die Diskussion über das Scheidungsverfahren geht jedoch weiter, weil die Regelung der Scheidung allein zu wenig ist und vielmehr die Scheidungsfolgen, vor allem die damit einhergehenden psychischen Folgen einer besseren Bewältigung zugeführt werden sollen.

Besteht Anwaltspflicht bei Ehescheidung?

Anwaltszwang besteht nur im Berufungsverfahren, wenn mehr als ein Anwalt im Gerichtsort der ersten Instanz tätig ist.

Sollten die betroffenen Paare nach reiflicher Überlegung und nach Aufsuchen einer kostenlosen Eheberatungsstelle dennoch überzeugt sein, daß eine Scheidung unvermeidbar ist, dann ist der Weg zu Gericht unumgänglich.
In einem Ehescheidungsverfahren besteht grundsätzlich kein Anwaltszwang. Es ist aber ratsam, sich bei komplizierten Scheidungs- und Vermögensaufteilungsstreitigkeiten oder Unterhaltsfragen der Hilfe eines Rechtsanwaltes zu bedienen. Wenn ein Scheidungsprozeß in die Berufungsinstanz geht, besteht Anwaltspflicht, wenn mehr als ein Anwalt im Gerichtsort tätig ist. Eine Scheidungsklage oder ein Antrag auf einvernehmliche Ehescheidung ist gebührenpflichtig. Diese Pauschalgebühr ist bei Stellung des Antrages bzw. Einbringen der Klage für die erste Instanz zu entrichten, ansonsten die Gebühr erhöht wird. Parteien, die ohne Beeinträchtigung des nötigen Unterhaltes diese Gebühren nicht zu leisten imstande sind, kann Verfahrenshilfe gewährt werden.

Die Arten von Scheidungsverfahren

Streitiges Verfahren: mit Klage. Außerstreitiges Verfahren: mit Antrag der Eheleute.

1. Die *streitige* Scheidung: Dazu gehören die Scheidung wegen Verschuldens, die Scheidung aus anderen Gründen und die Scheidung wegen Auflösung der häuslichen Gemeinschaft der Ehegatten seit mehr als drei bzw. sechs Jahren. Diese Scheidung wird durch Klage eingeleitet.

2. Die *außerstreitige* Scheidung: Darunter versteht man die einvernehmliche Scheidung, die mit gemeinsamer Antragstellung der Eheleute beginnt. Ebenso werden im außerstreitigen Verfahren die Aufteilung des ehelichen Gebrauchsvermögens sowie die Abgeltung der Mitwirkung im Erwerb, ferner alle Angelegenheiten, die die minderjährigen Kinder betreffen, geregelt.

Beide Scheidungsarten erfolgen vor dem Familienrichter. Der Unterschied dieser beiden Verfahren besteht darin, daß im streitigen Verfahren die Prozeßkosten der »Verlierer« bezahlt. Im außerstreitigen Verfahren trägt jede Partei selbst ihre Kosten. Es besteht auch beim Obsiegen kein Kostenersatzanspruch gegen den Antragsgegner (Ausnahme: Aufteilungsverfahren). Wenn sich Ehegatten in einer streitigen Scheidung einigen, kann diese als einvernehmliche Scheidung beendet werden.

Welche Scheidungsgründe gibt es?

Die Scheidung:
1. »Scheidung wegen Verschuldens« und
2. »Scheidung aus anderen Gründen«.

Diese Frage stellen viele Eheleute, die ihre Ehe beenden wollen. Erst wenn alle Versuche, die Ehe zu retten, gescheitert sind, sollte das Gericht angerufen werden.
Eine Ehe kann nur durch das Gericht geschieden werden. Es ist zu unterscheiden zwischen der *»Scheidung wegen Verschuldens«* und der *»Scheidung aus anderen Gründen«*, die in der Person des anderen Ehegatten liegen.
Scheidungsgründe wegen Verschuldens, auch »Eheverfehlungen« genannt, gibt es drei:

1. »Ehebruch«
2. »Verweigerung der Fortpflanzung«
3. der Sammeltatbestand »andere Eheverfehlungen«

Die »Scheidung aus anderen Gründen« beruht auf dem Zerrüttungsgrundsatz und setzt kein Verschulden voraus. Dazu gehören folgende Scheidungstatbestände: »Auf geistiger Störung beruhendes Verhalten«, »Geisteskrankheit«, »ansteckende oder ekelerregende Krankheit«. Diese drei Scheidungsgründe werden auch die »medizinischen« genannt. Zwei weitere auf dem Zerrüttungsgrundsatz beruhende Scheidungstatbestände sind die Scheidung im Einvernehmen und die Auflösung der häuslichen Gemeinschaft.
Auf den folgenden Seiten erfahren Sie Näheres über die am häufigsten vorkommenden Scheidungsgründe.

Scheidung aus Verschulden des Ehepartners

Ehebruch gilt als unabdingbarer Scheidungsgrund.

Zu diesen Scheidungsgründen gehören:
1. Ehebruch,
2. Verweigerung der Fortpflanzung,
3. andere Eheverfehlungen.

Ehebruch liegt dann vor, wenn tatsächlich Beischlaf mit einer Person des anderen Geschlechts, die nicht der Ehepartner ist, vollzogen wurde. Gelingt dem betrogenen Ehepartner der Nachweis, so ist die Ehe auf alle Fälle zu scheiden. Nach der Rechtsprechung hat der »schuldlose« Ehepartner allerdings kein Recht auf Scheidung, wenn er den Ehebruch »bezweckt« hat (z. B. ein Zuhälter, der mit einer Prostituierten verheiratet ist, kann keine Scheidungsklage wegen Ehebruchs einbringen). Allerdings hat der Ehegatte, der mit seinem Ehepartner eine »freie Ehe« vereinbart hat, ein Klagerecht wegen Ehebruchs, weil die Rechtsprechung diese Vereinbarung als sittenwidrig erklärt, da sie dem Wesen einer Ehe widerspricht.

Ehebruch kann derzeit strafrechtlich noch verfolgt werden, doch nur durch den verletzten Ehegatten (innerhalb von sechs Wochen ab Kenntnis). Häufig verzeiht aber ein Ehepartner dem anderen und zieht die Privatanklage zurück.

Es wurde allerdings vom Justizminister bereits eine Regierungsvorlage eingebracht, wonach der Ehebruch straffrei sein soll. Die Straffreiheit tritt allerdings erst mit Kundmachung des diesbezüglichen Gesetzes ein, wann dies genau sein wird, ist noch offen. Die Vorstellungen des Justizministers beruhen auf der Tatsache, daß es in ganz Österreich jährlich nur zu ein bis drei Verurteilungen wegen Ehebruchs – Zahlen, die mit den tatsächlich begangenen Ehebrüchen in einem krassen Mißverhältnis stünden – kommt.

Verweigerung der Fortpflanzung

Die Verweigerung der Fortpflanzung als Scheidungsgrund.

Ein Scheidungsgrund ist die Verweigerung der Fortpflanzung dann, wenn kein triftiger Grund zur Verweigerung vorliegt oder wenn kein gesundes Kind da ist.

§ 48 des Ehegesetzes sagt: »Ein Ehegatte kann Scheidung begehren, wenn der andere sich ohne triftigen Grund beharrlich weigert, Nachkommenschaft zu erzeugen oder zu empfangen, oder wenn er rechtswidrig Mittel zur Verhinderung der Geburt anwendet oder anwenden läßt.«

Grundvoraussetzung für das Vorliegen dieses Scheidungsgrundes ist, daß beide Gatten fortpflanzungsfähig sind und die Ehe noch kinderlos ist. Triftige Gründe für die Verweigerung der Fortpflanzung liegen vor allem in medizinischen Erwägungen, die eine ernste Gefahr für die Gesundheit oder gar das Leben der Ehefrau im Falle einer Schwangerschaft bedeuten würden.

Entstammt dieser Ehe jedoch ein gesundes Kind, so kann dieser Scheidungsgrund nicht mehr geltend gemacht werden (ebenso auch dann nicht, wenn sich die Ehegatten bei Eingehen der Ehe darüber einig waren, daß sie keine Kinder wollen).

Scheidung wegen »anderer Eheverfehlungen«

Ein Scheidungsgrund aus dem Verschulden ist die »Eheverfehlung«.

Der letzte Verschuldensscheidungsgrund ist neben dem Ehebruch und der Verweigerung der Fortpflanzung der Sammeltatbestand »andere Eheverfehlungen«.

Nach § 49 des Ehegesetzes kann ein Ehegatte Scheidung begehren, wenn der andere durch eine »sonstige« schwere Eheverfehlung oder durch ehrloses oder unsittliches Verhalten die Ehe schuldhaft so tief zerrüttet hat, daß die Wiederherstellung einer ihrem Wesen entsprechenden Lebensgemeinschaft nicht erwartet werden kann.

Daß es eine »sonstige« Eheverfehlung sein muß, besagt, daß andere Tatbestände als Scheidungsgrund vorliegen müssen als beim Ehebruch oder bei der Verweigerung der Fortpflanzung. Bei dieser Scheidungsart muß durch diese Eheverfehlung auch eine derartige Zerrüttung der ehelichen Gemeinschaft entstanden sein, daß zumindest beim schuldlosen Ehepartner die Grundlage der Ehe zu bestehen aufgehört hat.

Die Scheidung kann aber der nicht begehren, der selbst eine Eheverfehlung begangen hat und wenn die Eheverfehlung des anderen eine entschuldbare Reaktion auf sein eigenes Verhalten ist.

Verstoß gegen die »10 Ehegebote«

Eine Eheverfehlung und somit ein Scheidungsgrund ist der Verstoß gegen ein Ehegebot.

Einen Scheidungsgrund und somit eine schwere Eheverfehlung stellt der Verstoß eines Ehepartners gegen eines der »10 Ehegebote« für den anderen Ehepartner dar.
Das Gesetz regelt nicht, welche »sonstigen Eheverfehlungen« ein Verschulden begründen. Nach der Rechtsprechung werden u. a. folgende Tatbestände als schwere Eheverfehlungen beurteilt:

1. »Verletzung der Beistandspflicht« (z. B. Verweigerung der Pflege und des Zuspruchs bei Krankheit und Hilflosigkeit).
2. »Vernachlässigung der Haushaltsführung« (diese muß durch längere Zeit anhalten und auf Böswilligkeit beruhen).
3. »Ehewidriges Verhalten mit einem anderen Partner« (z. B. der Umgang mit einer Person anderen Geschlechts, auch wenn kein Ehebruch nachweisbar ist).
4. »Verletzung der gesetzlichen Unterhaltspflicht« dem Gatten oder den Kindern gegenüber.
5. »Böswilliges Verlassen des anderen Ehegatten« (Aufhebung der Ehegemeinschaft).
6. »Mißhandlungen«.
7. »Strafbare Handlungen« (z. B. ein Ehegatte wurde wegen eines Verbrechens verurteilt).
8. »Verweigerung des Geschlechtsverkehrs«.
9. »Liebloses Verhalten« (wiederholtes Schimpfen, Nörgeln etc.).
10. »Alkoholismus, Spielleidenschaft, religiöser Fanatismus u. v. a.«.

Scheidungsgründe ohne Verschulden

Wenn das Verhalten auf einer geistigen Störung beruht, liegt ein Scheidungsgrund vor.

Scheidungsgründe, bei denen das Gesetz kein Verschulden verlangt, sind:

1. »Auf geistiger Störung beruhendes Verhalten«.
2. »Geisteskrankheit«.
3. »Ansteckende oder ekelerregende Krankheit«.
4. »Auflösung der häuslichen Gemeinschaft«.
5. »Scheidung im Einvernehmen«.

Die Ehescheidungsgründe 1–3 werden auch die »medizinischen« genannt, weil medizinische Probleme im Mittelpunkt stehen. Das Gericht muß zur Feststellung eines solchen Ehescheidungsgrundes ein ärztliches Sachverständigengutachten einholen.

Hier möchte ich kurz auf den ersten medizinischen Scheidungsgrund eingehen, der auf einem geistig gestörten Verhalten beruht. Nach § 50 des Ehegesetzes kann ein Ehegatte Scheidung begehren, wenn die Ehe infolge eines Verhaltens des anderen Ehegatten, das nicht als Eheverfehlung betrachtet werden kann, weil es auf einer geistigen Störung beruht, so zerrüttet ist, daß die Wiederherstellung einer dem Wesen der Ehe entsprechenden Lebensgemeinschaft nicht erwartet werden kann. Es muß aber ein länger andauernder Zustand (Neurosen etc.) vorliegen.

Näheres über die beiden anderen »medizinischen« Scheidungsgründe erfahren Sie nebenstehend.

Die »medizinischen« Ehescheidungsgründe

Die »medizinischen« Ehescheidungsgründe müssen durch ein ärztliches Gutachten erhärtet werden.

Neben dem ersten, bereits erläuterten medizinischen Scheidungsgrund gibt es zwei weitere: die Geisteskrankheit und die ansteckende oder ekelerregende Krankheit.

Geisteskrankheit liegt vor, wenn die Zustände ein solches Maß erreicht haben, daß sie die geistige Gemeinschaft zwischen den Ehegatten aufheben. Die Rechtsprechung versteht unter »geistiger Gemeinschaft« ein Teilnehmen am gegenseitigen Lebens- und Gedankenkreis.

Wegen *ansteckender oder ekelerregender Krankheit* kann vom anderen Ehepartner die Scheidung begehrt werden, wenn ihre Heilung oder die Beseitigung der Ansteckungsgefahr in absehbarer Zeit nicht erwartet werden kann.

Da alle drei medizinischen Ehescheidungsgründe letztlich auf einer ärztlichen Aussage beruhen, muß zur Beurteilung vom Gericht ein ärztliches Sachverständigengutachten eingeholt werden. Die ärztliche Untersuchung ist gegenüber dem betreffenden Ehegatten erzwingbar.

»Härteklausel«: Schutz für kranken Ehepartner

Bei den medizinischen Ehescheidungsgründen bietet die Härteklausel dem kranken Ehegatten Schutz.

Nicht genug, daß einen Ehegatten das harte Schicksal einer geistigen oder körperlichen Krankheit trifft – soll deshalb der andere Ehepartner so einfach berechtigt sein, den kranken Ehepartner im Stich zu lassen? Wie ist solch ein Verhalten mit der gesetzlichen »Beistandspflicht« beider Ehegatten in Einklang zu bringen?

Der Gesetzgeber hat bei den drei medizinischen Scheidungsgründen mit der sogenannten »Härteklausel« Schutz für den Erkrankten geschaffen. Die Ehe darf nämlich dann nicht geschieden werden, wenn das Scheidungsbegehren »sittlich nicht gerechtfertigt« ist. Dies ist in der Regel dann anzunehmen, wenn die Auflösung der Ehe den anderen Ehegatten außergewöhnlich hart treffen würde. Ob das der Fall ist, hängt u. a. von der Dauer der Ehe, dem Alter der Ehegatten, dem Anlaß der Erkrankung ab; wenn der Kläger die Krankheit des anderen verschuldet hat (z. B. Ansteckung etc.). Ist die Erkrankung jedoch selbst verschuldet, so ist auf Verlangen jedenfalls zu scheiden.

Die »Auflösung der häuslichen Gemeinschaft«

Eine Scheidung ohne Nachweis eines Verschuldens des Ehepartners ist neben den drei medizinischen Scheidungsmöglichkeiten auch bei der Scheidung im Einvernehmen und bei der Aufhebung der häuslichen Gemeinschaft (§ 55 Ehegesetz) möglich. Hier kann ein Ehegatte gegen den Willen des Ehepartners die Scheidung erzwingen, wenn die häusliche Gemeinschaft der Ehegatten zumindest mehr als drei Jahre aufgehoben ist. Unter *»Aufhebung der häuslichen Gemeinschaft«* versteht man die Trennung der Lebensbereiche, das heißt die Beendigung der geistigen, seelischen und körperlichen Gemeinschaft. Die Scheidungsklage ist nur dann abzuweisen, wenn das Gericht überzeugt ist, daß die Wiederherstellung einer dem Wesen der Ehe entsprechenden Lebensgemeinschaft erwartet werden kann. Ebenso, wenn die Scheidung den an der Zerrüttung der Ehe unschuldigen Ehegatten härter träfe als die Abweisung des Scheidungsbegehrens den schuldigen klagenden Ehegatten. Dabei sind u. a. Alter, Gesundheit, Dauer der Ehe sowie das Wohl der Kinder zu berücksichtigen.

Nach sechsjähriger Trennung ist die Ehe jedenfalls zu scheiden. Es muß kein Verschulden nachgewiesen werden.

Nach sechsjähriger Aufhebung der häuslichen Gemeinschaft ist aber auf jeden Fall die Ehe zu scheiden.

Die Scheidung im Einvernehmen: § 55a EheG

Durch die Familienrechtsreform wurde diese Scheidung ermöglicht.

Um übereilte Scheidungen zu vermeiden, ist diese Scheidung – sie erfolgt auf Antrag – nur bei vollständiger Einigung der Eheleute möglich.
Die Ehescheidung nach § 55a Ehegesetz ist dann möglich, wenn die Lebensgemeinschaft seit mindestens sechs Monaten aufgehoben ist, beide Ehegatten die Ehe für unheilbar zerrüttet ansehen und die Scheidung gemeinsam begehren.
Diese Scheidungsform ist die einfachste, rascheste und billigste. Sie ist nicht mit Klage, sondern mit einem Antrag zu begehren und wird mit einem »Scheidungsbeschluß« beendet.
Voraussetzung für diese Ehescheidung ist auch, daß die Ehegatten eine Vereinbarung über die Obsorge und den Unterhalt der Kinder, den Unterhalt zwischen den Ehegatten nach der Scheidung, über die Aufteilung des ehelichen Vermögens, der ehelichen Ersparnisse und der ehelichen Schulden sowie hinsichtlich der Ehewohnung dem Gericht unterbreiten oder vor Gericht schließen. Der Gesetzgeber fordert diese Voraussetzungen – insbesondere die Aufhebung der ehelichen Lebensgemeinschaft (= Zerrüttungsprinzip) seit mehr als sechs Monaten –, um übereilte Scheidungen zu vermeiden.

Verzeihung: Scheidungsausschließungsgrund

Der vorbehaltlose Wille zur Fortsetzung der Ehe ist die Grundvoraussetzung für die Verzeihung.

Nach dem Gesetz gibt es zwei Umstände, die bei einer Eheverfehlung (hiebei ist das Verschulden des Ehepartners Voraussetzung) einen Ausschluß des Rechtes auf Scheidung ermöglichen: die »Verzeihung« und den »Verzicht«.
Wenn sich aus dem Verhalten des verletzten Ehegatten ergibt, daß er die Verfehlung des anderen verziehen oder sie nicht als ehezerstörend empfunden hat, dann besteht kein Recht mehr auf Scheidung wegen Verschuldens. Die »Verzeihung« muß jedoch durch das Gesamtverhalten des verletzten Ehegatten klar zum Ausdruck kommen. Die Rechtsprechung sagt, daß *»Verzeihung«* der Wille zur vorbehaltlosen Fortsetzung der ehelichen Gemeinschaft ist. Wenn eine Verzeihung allerdings an Bedingungen geknüpft wurde, liegt sie als Scheidungsausschließungsgrund erst vor, wenn die Bedingungen erfüllt sind.
Der *»Verzicht«* hat zur Folge, daß der Scheidungsanspruch des verletzten Ehegatten verlorengeht.

Kann das Recht auf Scheidung aus Verschulden erlöschen?

Nach zehn Jahren ist das Recht auf Scheidung absolut erloschen.

Durch Fristablauf gibt es auch ein Erlöschen des Rechtes auf Scheidung. Der Grundgedanke ist der, daß nicht dauernd das Damoklesschwert einer Scheidung über der Ehe schweben soll, wenn eine Eheverfehlung eingetreten ist. Damit soll auch verhindert werden, daß der verletzte Ehegatte dem anderen ständig mit Scheidung droht.
Aufgrund der gesetzlichen Fristen erlischt das Recht auf Scheidung wegen Verschuldens nach sechs Monaten. Die Frist beginnt mit Kenntnis des Scheidungsgrundes zu laufen, vorausgesetzt, daß die häusliche Gemeinschaft der Eheleute besteht.
Nicht mehr zulässig ist eine Ehescheidung, wenn seit dem Eintritt des Scheidungsgrundes (nicht erst ab Kenntnis!) *zehn Jahre* verstrichen sind.
Mit Ablauf von zehn Jahren erlischt somit das Recht auf Scheidung absolut, das Recht auf Scheidung wegen Verschuldens nach sechs Monaten.
Die sechsmonatige Frist läuft nicht, solange die häusliche Gemeinschaft der Ehegatten aufgehoben ist. In diesem Falle kann der Schuldige den anderen auffordern, die Klage einzubringen oder zurückzukehren, wodurch die Sechsmonatefrist auf jeden Fall zu laufen beginnt.

Unterhaltsvertrag: Übereinkommen der Ehegatten

Eine schriftliche Unterhaltsvereinbarung ist ratsam!

Eine der wichtigsten Rechtsfolgen bei der Ehescheidung ist die Unterhaltsfrage. Beide Ehepartner wollen wissen, was sie als Geschiedene zu bekommen bzw. was sie zu bezahlen haben.
Neben den gesetzlichen Unterhaltsregelungen, die auf den folgenden Seiten behandelt werden, möchte ich den Unterhaltsvertrag nicht unerwähnt lassen. Dieser ermöglicht den Ehegatten, die Unterhaltsfrage für die Zeit nach der Scheidung selbst zu regeln. Dies kann anläßlich der Scheidung, aber auch unmittelbar davor geschehen.
Eine solche Unterhaltsregelung kann im Rahmen der gesetzlich gegebenen Bestimmungen, aber auch darüber hinaus nach dem freien Willen der früheren Ehegatten getroffen werden. Sie findet nur dort ihre Beschränkung, wo der Inhalt der Vereinbarung den guten Sitten widerspricht (z. B. großes Mißverhältnis zwischen den Einkommens- und Vermögensverhältnissen einerseits und dem vereinbarten Unterhalt andererseits). Die Unterhaltsvereinbarung ist formfrei, ich rate aber dennoch zu einem *schriftlichen* oder *gerichtlichen Vergleich*.

Unterhalt des schuldlos geschiedenen Ehegatten

Der schuldlos Geschiedene hat Anspruch auf Unterhalt, soweit er ihn selbst nicht decken kann.

Grundsätzlich muß der Ehegatte, der laut Urteilsspruch die Scheidung allein oder überwiegend verschuldet hat, dem anderen den gesetzlichen Unterhalt leisten. Sollte jedoch der schuldlose Ehegatte mit Einkünften aus eigenem Vermögen und den Erträgnissen einer ihm zumutbaren Erwerbstätigkeit seinen angemessenen Unterhalt decken können, hat er keinen Unterhaltsanspruch mehr.

Der »angemessene« Unterhalt entspricht im wesentlichen dem Unterhalt während aufrechter Ehe. Bei aufrechter Ehe haben die Ehegatten »nach Kräften« zum Unterhalt beizutragen, während nach der Scheidung jeder Ehegatte zuerst selbst für seinen Unterhalt aufkommen muß. Das bedeutet, daß schuldlos Geschiedene eine Berufstätigkeit ausüben müssen, wenn diese ihnen zumutbar ist. Nach der Rechtsprechung besteht die Verpflichtung, einer Erwerbstätigkeit nachzugehen, dann nicht, wenn Krankheit vorliegt oder wenn schulpflichtige Kinder da sind, die einer ganztägigen Betreuung bedürfen. Der an der Scheidung Schuldige darf jedoch durch seine Unterhaltsverpflichtung seinen eigenen angemessenen Unterhalt nicht gefährden.

Unterhalt bei Scheidung wegen »Auflösung der häuslichen Gemeinschaft« nach § 55 EheG

Unterhaltssonderregelung: Bei dieser Ehescheidung (§ 55 Abs. 1 und 3 Ehegesetz) besteht Unterhaltsanspruch wie in »aufrechter Ehe«.

Bei Ehescheidungen nach § 55 des Ehegesetzes, also jenen wegen Auflösung der häuslichen Gemeinschaft seit mehr als drei oder sechs Jahren, gibt es eine unterhaltsrechtliche Sonderregelung. Wird nämlich (über Antrag des beklagten Ehegatten, meist der Frau) im Urteil das alleinige oder überwiegende Verschulden des Klägers an der Zerrüttung der Ehe ausgesprochen, so hat der beklagte Ehegatte (meist die dann geschiedene Frau) *Anspruch auf Unterhalt wie in aufrechter Ehe.* Der Unterhalt »wie in aufrechter Ehe« beinhaltet nach dem Gesetz auch den Ersatz der Beiträge zu einer freiwilligen gesetzlichen Krankenversicherung. Dies ist insofern bedeutsam, als mit einer Scheidung der Ehe die nicht berufstätige schuldlose Ehefrau mit dem Ehemann nicht mitversichert bleiben kann, sondern sich selbst freiwillig weiterversichern muß. Die daraus resultierenden Versicherungsprämien sind vom gemäß § 55 Ehegesetz schuldig geschiedenen Ehegatten zu bezahlen, sind aber aufgrund der Rechtsprechung in der Unterhaltsleistung enthalten.

Eine Verpflichtung des Unterhaltsberechtigten, eine zumutbare Erwerbstätigkeit aufzunehmen, besteht hier nicht, wenn auch bisher eine solche nicht ausgeübt wurde.

Die Rollenverteilung für den Unterhaltsanspruch

Achtung! § 55 EheG: Der (Die) schuldlose Kläger (Klägerin) hat ungerechterweise keinen Unterhaltsanspruch wie bei aufrechter Ehe! Daher abwarten, bis der schuldige Ehepartner die Klage einbringt.

Bei der Scheidung nach drei- oder sechsjähriger häuslicher Trennung (§ 55 Ehegesetz) ist für den Unterhaltsanspruch entscheidend, daß der Ehepartner, der aus der Ehewohnung ausgezogen ist, die Klage einbringt. Dies ist aus der Entstehungsgeschichte des § 55 Ehegesetz erklärbar. Der beklagte Ehegatte erhebt dann im Scheidungsverfahren den Einwand, daß den Kläger das Verschulden an der Zerrüttung der Ehe trifft. Wird dies vom Gericht ausgesprochen, so steht dem schuldlos geschiedenen Ehegatten der Unterhalt wie bei aufrechter Ehe zu. Dies bedeutet, daß Sorgepflichten für einen späteren Ehepartner grundsätzlich nicht zu berücksichtigen sind, was also eine Besserstellung in unterhaltsrechtlicher Sicht darstellt im Verhältnis zu einem Ehepartner, der gemäß § 49 Ehegesetz (Eheverfehlung) schuldlos geschieden wurde. Die von mir geschilderte Rollenverteilung (schuldiger Kläger – unschuldiger Beklagter) ist für diesen Unterhaltsanspruch Voraussetzung. Auch hat der schuldige klagende Ehegatte die Prozeßkosten zu ersetzen.

Wie wird der Unterhalt für Geschiedene berechnet?

Einkommenslose Geschiedene: 33 Prozent. Berufstätige Geschiedene: 40 Prozent.

Vom Jahresdurchschnittsnettoeinkommen (inkl. Weihnachts- und Urlaubsgeld) des Unterhaltspflichtigen steht nach der Rechtsprechung der einkommenslosen, schuldlos geschiedenen Frau eine Geldrente in Höhe von 33 Prozent zu. Dieser Anspruch vermindert sich jedoch um ca. 4 Prozent für jedes unterhaltsberechtigte Kind des Unterhaltspflichtigen, weiters um ca. 4 Prozent, wenn der Mann für eine einkommenslose Ehegattin zu sorgen hat.

Sollte die geschiedene Frau aber Einkommen beziehen, wird ihr Unterhalt mit 40 Prozent vom gemeinsamen Familiennettoeinkommen abzüglich des Eigeneinkommens errechnet. Mit jedem unterhaltsberechtigten Kind vermindert sich auch hier ihr Unterhalt um ca. 4 Prozent, für eine allenfalls unterhaltsberechtigte zweite Gattin um weitere ca. 4 Prozent. Da vermutlich nur selten (wenn also der Mann sehr gut verdient) die unterhaltsberechtigte geschiedene Frau mit den 33 Prozent abzüglich der unter Umständen noch vorzunehmenden Reduzierungen auskommt, wird sie ein Eigeneinkommen anstreben müssen, wozu sie ohnedies gesetzlich verpflichtet ist. Der berufstätigen Geschiedenen stehen somit 40 Prozent vom Familiennettoeinkommen, abzüglich des Eigeneinkommens, der Einkommenslosen 33 Prozent von der Unterhaltsbemessungsgrundlage zu. Unter denselben Voraussetzungen könnte auch ein schuldlos geschiedener Mann Unterhaltsanspruch haben.

Der Unterhalt bei gleichem Verschulden

Bei gleichem Verschulden besteht ein Unterhaltsanspruch nach Billigkeit.

Sind beide Ehegatten gleichteilig schuld an der Scheidung, besteht grundsätzlich kein Anspruch auf Unterhalt dem anderen Ehegatten gegenüber. Wovon soll aber ein geschiedener Ehegatte leben, der sich weder aus eigenem Vermögen noch aus einer eigenen Erwerbstätigkeit erhalten kann, der also bedürftig ist?
In so einem Fall kann ein Beitrag zum Unterhalt vom anderen Ehepartner (durch die Entscheidung des Richters) dem Bedürftigen zugebilligt werden. Dies jedoch nur dann, wenn keine anderen Verwandten zu einer Unterhaltsleistung herangezogen werden können, wenn also keine andere Möglichkeit besteht, den unbedingt notwendigen Unterhalt zu bekommen.
Dieser Unterhaltsanspruch kann vom Gericht zeitlich beschränkt werden. Die Höhe richtet sich nach billigem Ermessen. Das bedeutet in diesem Zusammenhang, daß der Unterhalt unter Wertung sämtlicher persönlicher Umstände so bemessen wird, daß gerade ein Überleben gewährleistet ist. Es besteht also in diesem Fall kein Anspruch auf Teilnahme an den Lebensverhältnissen des Unterhaltspflichtigen.

Unterhaltsvergleich bei einvernehmlicher Scheidung

Vorsicht! Der Unterhaltsvergleich bindet für die Zukunft.

Bei einer Scheidung gemäß § 55a Ehegesetz ist der Unterhalt für die Zeit nach der Scheidung zwischen den Ehegatten zu regeln. Dies bedeutet, daß die früheren Ehegatten entweder auf Unterhalt für die Zukunft verzichten oder den Unterhaltsanspruch genau regeln müssen. Diese Regelung hat nicht nur eine ziffernmäßige Festsetzung dieses Anspruchs zu beinhalten, sondern muß auch darauf eingehen, was geschieht, wenn sich die Voraussetzungen ändern (z. B. durch eine Erhöhung des Einkommens des Unterhaltspflichtigen).

In der Praxis hat sich als günstig herausgestellt, den Unterhaltsanspruch mit dem Einkommen des Unterhaltspflichtigen wertzusichern, es ist also eine Relation zwischen dem Einkommen und den Unterhaltspflichten gegenüber den Kindern und dem Geschiedenen herzustellen. Daraus kann eine Partizipierungsquote (z. B. 40 Prozent) errechnet werden, die auch in Zukunft vom Einkommen des Unterhaltspflichtigen für den Berechtigten anzuwenden ist. Der Unterhaltsanspruch ist dem gesetzlichen gleichgesetzt, sofern er sich in dessen Rahmen bewegt.

»Umstandsklausel«: Ihre Bedeutung für den Unterhalt

Achtung, für Unterhaltsberechtigte! Nicht auf die Anwendung der Umstandsklausel verzichten! Sie erlaubt bei geänderten Verhältnissen eine Unterhaltserhöhung.

Die Umstandsklausel liegt, auch wenn sie nicht ausdrücklich vereinbart wurde, jeder Unterhaltsregelung stillschweigend zugrunde. Dies unabhängig davon, ob der Unterhalt durch Vergleich oder Gerichtsurteil oder außergerichtlich (Unterhaltsvertrag) festgesetzt wurde.
Ihre Bedeutung liegt darin, daß die »Unterhaltshöhe« unter der Voraussetzung zu gelten hat, daß die Verhältnisse unverändert bleiben. Wenn sich aber die »Verhältnisse«, die bei der letzten Unterhaltsfestsetzung bestanden, wesentlich geändert haben, kann jede der Parteien eine Unterhaltsneufestsetzung – je nach der Art der Verhältnisänderung eine Erhöhung (z. B. wenn der Unterhaltspflichtige mehr verdient als bisher) oder eine Herabsetzung (z. B. wenn der Unterhaltspflichtige unverschuldet ein geringeres Einkommen, wie z. B. infolge Pensionierung, als bisher bezieht) – begehren. Diese Möglichkeit besteht immer, außer es wird auf die Anwendung der Umstandsklausel ausdrücklich verzichtet. Wer einmal auf die Geltendmachung der Umstandsklausel verzichtet hat, kann grundsätzlich keine Unterhaltserhöhung oder -herabsetzung berechtigterweise fordern.

Anspruch auf Abfertigung für Geschiedene?

Ein Mann wurde vom Gericht verpflichtet, seiner geschiedenen einkommenslosen Frau monatlich einen Unterhalt von 3300 Schilling zu bezahlen. Er selbst verdient monatlich netto ca. 10.000 Schilling. Da er nach 25jährigem Dienstverhältnis wegen Pensionierung ausscheidet, hat er Anspruch auf zwölf Monatsentgelte Abfertigung, das sind ca. 173.000 Schilling netto. Nun möchte der Mann wissen, ob er seiner geschiedenen Frau davon etwas bezahlen muß.

Der (Die) unterhaltsberechtigte Ehegatte (-gattin) hat neben dem Unterhalt auch Anspruch auf einen Teil der Abfertigung des Geschiedenen.

Ja, wenn die geschiedene Frau Anspruch auf Unterhalt hat, ist die Abfertigung in die Unterhaltsbemessung einzubeziehen, wird jedoch auf so viele Monate aufgeteilt, als dem Mann Abfertigungsmonate zustehen. Die geschiedene Frau nimmt mit 33 Prozent an seiner Abfertigung teil. Diese Summe ist auf die Summe der Abfertigungsmonate, somit auf zwölfmal, aufzuteilen. Der Mann muß seiner geschiedenen Frau also zwölf Monate hindurch zu ihrem monatlichen Unterhalt von 3300 Schilling weitere ca. 4700 Schilling, somit ca. 8000 Schilling bezahlen.

Wann erlischt der Unterhaltsanspruch für Geschiedene?

Der Unterhaltsanspruch erlischt bei schwerer Verfehlung gegen den Unterhaltspflichtigen, mit der Wiederverheiratung des (der) Berechtigten oder dessen (deren) Tod.

Kann der (die) geschiedene Unterhaltsberechtigte tun und lassen, was er (sie) will, ohne den Unterhaltsanspruch zu gefährden?
Der Gesetzgeber hat hier klare Bestimmungen geschaffen. Selbstverständlich ruht der Unterhaltsanspruch, wenn der (die) Berechtigte ein entsprechendes Eigeneinkommen bezieht. Ferner kann bei selbstverschuldeter Bedürftigkeit (z. B. wenn der Betreffende dem Alkohol oder der Spielleidenschaft verfallen ist) nur der notdürftige Unterhalt begehrt werden. Wenn ein(e) Geschiedene(r) eine schwere Verfehlung gegen den Unterhaltspflichtigen begeht oder gegen dessen Willen einen unsittlichen Lebenswandel führt, dann hat dieser Geschiedene seinen Unterhaltsanspruch »verwirkt«, also verloren. Mit der Wiederverheiratung des (der) Berechtigten erlischt der Unterhaltsanspruch endgültig. Ferner mit dem Tod des (der) Berechtigten. Er ist daher nicht vererblich (ausgenommen, es sind z. B. vom Verpflichteten zu diesem Zeitpunkt noch nicht erfüllte fällige Unterhaltsverbindlichkeiten offen). Mit dem Tod der (des) Unterhaltspflichtigen geht jedoch die Unterhaltspflicht auf die Erben über, sofern sie vertraglich nicht ausgeschlossen wurden und ein entsprechendes Reinnachlaßvermögen vorhanden ist. Ein aus Billigkeitserwägungen festgesetzter Unterhalt geht nicht auf die Erben über.

Gibt es ein Ruhen des Unterhaltsanspruches?

»Ich habe gehört, daß bei Wiederverehelichung des Berechtigten sein Unterhaltsanspruch erlischt. Wie verhält es sich bei einer Lebensgemeinschaft? Meine geschiedene Frau, der ich Unterhalt bezahlen muß, lebt seit kurzem in einer Lebensgemeinschaft. Erlischt auch in diesem Fall ihr Unterhaltsanspruch?«

Die Unterhaltsverpflichtung ruht während der Lebensgemeinschaft der Berechtigten. Stimmt diese dem Einstellen nicht zu, kann der Verpflichtete auf Ruhen klagen.

Nein, der Unterhaltsanspruch der geschiedenen Frau erlischt bei Eingehen einer Lebensgemeinschaft nicht. Das Gesetz sagt darüber nichts aus. Nach der Rechtsprechung »ruht« jedoch für die Dauer einer vom Berechtigten eingegangenen Lebensgemeinschaft sein Unterhaltsanspruch gegenüber dem Verpflichteten; gleichgültig, ob der Berechtigte (hier also die Frau) aus der Lebensgemeinschaft seinen Unterhalt ganz, teilweise oder überhaupt nicht bezieht. Eine Lebensgemeinschaft setzt im allgemeinen eine Geschlechts-, Wohn- und Wirtschaftsgemeinschaft voraus. Sollte die Lebensgemeinschaft erwiesen sein, hat der zum Unterhalt Verpflichtete ab sofort das Recht, den Unterhalt einzustellen.

Haben Geschiedene Anspruch auf Witwen- bzw. Witwerpension?

Eine Witwen- bzw. Witwerpension nach Scheidung wird in Höhe des Unterhaltsanspruches gewährt. Ausnahme § 55 Abs. 1 oder 3 Ehegesetz – Scheidung, mit dem Verschuldensausspruch nach § 61 Abs. 3 Ehegesetz.

Die Gewährung einer Witwen-(Witwer-)Pension für die (den) geschiedene(n) Ehegattin (Ehegatten) hat folgende Voraussetzungen:

1. Anspruch besteht, wenn der verstorbene Versicherte noch zur Zeit seines Todes dem von ihm geschiedenen Ehegatten Unterhalt entweder a) aufgrund eines Gerichtsurteils oder b) eines gerichtlichen Vergleiches oder c) einer vertraglichen Verpflichtung, die *vor* der Scheidung zustande gekommen ist, zu leisten hatte oder d) tatsächlich vor dem Tod ein Jahr Unterhalt geleistet wurde und die Ehe mindestens zehn Jahre gedauert hat. In so einem Fall wird die Witwenpension *in Höhe des Unterhaltsanspruches* gewährt.

2. Scheidung gemäß § 55 Abs. 1 oder 3 Ehegesetz mit Verschuldensausspruch gemäß § 61 Abs. 3. Das ist die gegen den Willen der Frau (des Mannes) erfolgte Ehescheidung wegen Auflösung der häuslichen Gemeinschaft seit mehr als drei oder sechs Jahren. Hier gebührt *volle* Witwen-(Witwer-)Pension, wenn a) im Scheidungsurteil festgehalten ist, daß der klagende Ehegatte die Zerrüttung der Ehe allein oder überwiegend verschuldet hat, b) die Ehe mindestens 15 Jahre gedauert hat und c) die Frau bei Rechtskraft des Scheidungsurteils 40 Jahre alt war (außer die Frau ist seit der Scheidung erwerbsunfähig oder lebt mit einem Kind aus dieser Ehe, dem Waisenpension gebührt). Hier müssen selbstverständlich auch die Voraussetzungen des Punktes 1 vorliegen.

Volle Witwenpension auch für zweite Ehefrau?

»Ich bin seit acht Jahren verheiratet, die erste Ehe meines Mannes wurde wegen Auflösung der häuslichen Gemeinschaft seit sechs Jahren (§ 55 Abs. 3 Ehegesetz) aus seinem alleinigen Verschulden geschieden. Das Urteil enthält den Ausspruch seines Verschuldens. Wenn nun der geschiedenen Frau meines Mannes einmal die volle ASVG-Witwenpension nach seinem Tode zusteht, habe ich als zweite Gattin nach seinem Tod auch Anspruch auf eine Pension?«

Bei Scheidung nach § 55 Ehegesetz mit Verschuldensausspruch nach § 61 Abs. 3 Ehegesetz können auch weitere (geschiedene) Ehefrauen die volle Witwenpension beanspruchen.

Ja, auch die *zweite* Ehefrau hat Anspruch auf die *volle* Witwenpension, wenn die Bestimmungen des § 258 (2) des Allgemeinen Sozialversicherungsgesetzes (ASVG) nicht zutreffen. Im wesentlichen bedeutet das, daß es sich nicht um eine Versorgungsehe handeln darf (Ehedauer zu kurz bzw. Altersunterschied zu groß). Auf diese Weise (Scheidung nach § 55 Ehegesetz mit Verschuldensausspruch nach § 61 Abs. 3 Ehegesetz) könnten auch weitere (geschiedene) Ehefrauen nach dem Verstorbenen die volle Witwenpension beanspruchen – wenn es sich um keine Versorgungsehe handelt.

OGH: Witwenpension nur mit Unterhaltstitel

Achtung! Auch bei einer Scheidung nach § 55 Abs. 1 oder 3 Ehegesetz: Witwenpension nur mit Unterhaltstitel (das ist ein Urteil oder ein gerichtlicher Vergleich).

Der OGH bringt in dieser Entscheidung klar und deutlich zum Ausdruck, daß auch bei einer Scheidung nach § 55 Abs. 1 oder 3 Ehegesetz (wegen Auflösung der häuslichen Gemeinschaft seit mindestens drei oder sechs Jahren) mit dem Ausspruch nach § 61 Abs. 3 Ehegesetz, wonach den Kläger das Verschulden an der Zerrüttung der Ehe allein oder überwiegend trifft, ein Unterhaltstitel vorhanden sein muß, um einmal in den Genuß der vollen Witwenpension zu gelangen. Bei dieser Scheidung steht der (dem) schuldlos Geschiedenen ein Unterhalt wie bei aufrechter Ehe zu. Auch wenn laut Unterhaltstitel vom Schuldigen z. B. ein niedrigerer Unterhalt zu bezahlen ist, steht dennoch die volle Witwenpension zu. Diese wird somit unabhängig von der Höhe des Unterhaltstitels bezahlt. Bei allen anderen Ehescheidungen wird die Witwenpension immer nur bis maximal in der Höhe des Unterhaltstitels bezahlt.

Aufgrund der seit diesem Urteil eingetretenen geänderten Gesetzeslage ist auch Witwenpension zu gewähren, wenn der Unterhalt während mindestens eines Jahres vor dem Tod tatsächlich gewährt wurde und die Ehe mindestens zehn Jahre gedauert hat.

Versorgungsehe und Witwenpension

Bei einer Versorgungsehe (z. B. Pensionist heiratet junge Frau) steht nur eine befristete Hinterbliebenenpension zu (30 Monate).

Nach dem ASVG wird auch unter folgenden Voraussetzungen eine *unbefristete* Witwenpension gewährt:

1. Wurde die Ehe mit einem mehr als 65jährigen Versicherten (noch kein Pensionist) geschlossen und hat der überlebende Ehegatte am Todestag das 35. Lebensjahr bereits vollendet, so ist eine mindestens zweijährige Ehedauer erforderlich, um eine dauernde Witwenpension zu erhalten.
2. Erfolgte die Eheschließung mit einem Pensionisten, entsteht ein dauernder Witwenpensionsanspruch nur dann, wenn hinsichtlich des Altersunterschiedes und der Ehedauer folgende Bedingungen erfüllt sind:

Altersunterschied:	*Mindestdauer der Ehe:*
höchstens 20 Jahre	3 Jahre
höchstens 25 Jahre	5 Jahre
mehr als 25 Jahre	10 Jahre

Wenn in der Ehe ein Kind geboren oder durch die Ehe ein Kind legitimiert wurde, oder wenn die Frau zum Zeitpunkt des Todes des Ehegatten schwanger war oder dem Haushalt ein Kind des Verstorbenen angehört, das berechtigten Anspruch auf Waisenpension hat, steht eine unbefristete Witwenpension zu.

Scheidungsfolgen im Erbrecht

Mit rechtskräftiger Scheidung erlischt das gesetzliche Erb- und Pflichtteilsrecht der Ehegatten zueinander.

Ein geschiedener Mann ist plötzlich verstorben. Die Ehe, aus der zwei Kinder stammen, wurde vor elf Jahren geschieden, wobei das Verschulden an dieser Scheidung den Mann allein traf. Die Frau möchte nun wissen, ob sie einen Erbanspruch hat, wo doch ihre Ehe aus dem Alleinverschulden des Mannes geschieden wurde.

Die Antwort ist ein klares Nein. Nach den Bestimmungen des Allgemeinen Bürgerlichen Gesetzbuches (ABGB) haben nämlich geschiedene Eheleute zueinander weder ein gesetzliches Erb- noch ein Pflichtteilsrecht. Dieses erlischt mit der Rechtskraft des Scheidungsausspruches. Das Verschulden an der Ehescheidung ist ohne jedwede rechtliche Bedeutung.

Sollte der Verstorbene seine geschiedene Frau nicht in einem Testament bedacht haben, erbt diese nach seinem Tod nicht.

Was ist bei einer Scheidung aufzuteilen?

Aufzuteilen sind das eheliche Gebrauchsvermögen und die ehelichen Ersparnisse.

Im Falle der Auflösung einer Ehe sind das eheliche Gebrauchsvermögen und die ehelichen Ersparnisse zwischen den Ehegatten aufzuteilen.
Unter *»ehelichem Gebrauchsvermögen«* versteht man jene Sachen, die von den Ehegatten während aufrechter Ehe (gemeinsam) angeschafft und benützt wurden, wie z. B. die Ehewohnung, der Hausrat etc.
»Eheliche Ersparnisse« sind Wertanlagen, die die Ehegatten während aufrechter ehelicher Gemeinschaft angesammelt haben und die ihrer Art nach üblicherweise für eine Verwertung bestimmt sind. Dazu gehören neben Bargeld, Spareinlagen und Wertpapieren auch Kunstgegenstände, Sammlungen, Grundbesitz etc., sofern diese als Ersparnisse gewidmet wurden. Nach dem Gesetz ist somit nur jenes Vermögen aufzuteilen, das während der Ehe geschaffen und benützt wurde. Wenn es sich jedoch um rein persönliche Sachen eines Ehegatten handelt, sind diese nicht aufzuteilen (z. B. der Schmuck der Frau oder das Werkzeug des Mannes). Wenn ein Ehegatte im Betrieb des anderen mitgearbeitet hat, so steht ihm auch für die letzten drei Jahre ein Anspruch aus der Mitwirkung im Erwerb zu.

Was unterliegt nicht der Aufteilung?

Nicht aufzuteilen sind Sachen, die ein Ehegatte eingebracht, geerbt oder geschenkt bekommen hat, ebenso persönliche Sachen. Ausnahmen: Hausrat und Ehewohnung.

Es gibt Sachen, die das Gesetz von einer Aufteilung nach Scheidung der Ehe ausschließt. Nach § 82 des Ehegesetzes sind nicht aufzuteilen:

1. Sachen, die ein Ehegatte in die Ehe eingebracht (z. B. die Aussteuer), geerbt oder von einem Dritten geschenkt bekommen hat (z. B. Hochzeitsgeschenke Dritter, wenn sie dem persönlichen Gebrauch eines Ehegatten gewidmet wurden).
2. Sachen, die dem persönlichen Gebrauch eines Ehegatten allein oder der Ausübung seines Berufes dienen.
3. Sachen, die zu einem Unternehmen gehören oder Anteile an einem Unternehmen sind, es sei denn, es handelt sich um bloße Wertanlagen.

Ausnahmen sind die Ehewohnung und der Hausrat. Sie unterliegen auch dann der Aufteilung, wenn sie ein Ehegatte in die Ehe eingebracht, geerbt oder sie ihm ein Dritter geschenkt hat. Voraussetzung ist, daß die Benützung der Ehewohnung und/oder des Hausrates für den anderen eine Existenzfrage ist.

Wie ist die Aufteilung des Vermögens vorzunehmen?

Oberster Grundsatz für die Vermögensaufteilung ist die »Billigkeit«. Das heißt, daß der Richter, unter Beachtung des Umfanges des seinerzeitigen Beitrages jedes Ehegatten zur Anschaffung des ehelichen Gebrauchsvermögens und der ehelichen Ersparnisse sowie des Kindeswohles und der gemeinsamen Schulden, die Aufteilung so vorzunehmen hat, daß jeder der geschiedenen Ehegatten wohl bestehen kann, sich also eine neue Existenz aufbauen kann. Auch ist die Aufteilung so vorzunehmen, daß sich die Lebensbereiche der geschiedenen Ehegatten künftig möglichst wenig berühren.

Achtung! Der Aufteilungsanspruch erlischt nach Ablauf eines Jahres nach rechtskräftiger Scheidung.

Das Gesetz anerkennt als Beitrag auch die Leistungen des Unterhaltes, die Mitarbeit im Betrieb (soweit nicht anders abgegolten), die Führung des gemeinsamen Haushaltes, die Pflege und Erziehung gemeinsamer Kinder und jeden sonstigen geleisteten ehelichen Beistand.

Der Anspruch auf Aufteilung erlischt, wenn er nicht *binnen eines Jahres* nach Eintritt der Rechtskraft der Scheidung durch Vertrag oder Vergleich anerkannt oder gerichtlich geltend gemacht wird.

Wer hat Anspruch auf die Ehewohnung nach der Scheidung?

Das Gericht hat grundsätzlich die Ehewohnung dem zu übertragen, der darauf angewiesen ist.

Die Ehewohnung und der Hausrat nehmen bei der Vermögensaufteilung eine Sonderstellung ein. Sie können nämlich auch dann, wenn sie von dem einen Ehegatten in die Ehe eingebracht oder im Erbwege (Schenkung) erworben wurden, vom Gericht dem anderen Ehegatten zugesprochen werden, wenn dieser darauf angewiesen ist. Dabei ist besonders auf das Wohl der Kinder Bedacht zu nehmen. So kann das Gericht z. B. bei einer Miet- oder Genossenschaftswohnung anordnen, daß ein Ehegatte anstelle des anderen Mieter oder Nutzungsberechtigter wird oder – wenn beide Ehegatten dies waren – daß nur einer dies bleibt. Ebenso kann eine Eigentumswohnung, die einem oder beiden Ehegatten gehört, dem anderen ins Eigentum oder zur Benützung übertragen werden. Bei Dienstwohnungen darf das Gericht in ganz bestimmten Fällen nur mit Zustimmung des Dienstgebers verfügen (z. B. die Dienstwohnung dient überwiegend zur Erfüllung des Dienstes, wie die Hausbesorgerwohnung, oder die Wohnung wird ganz oder fast unentgeltlich benützt oder vom Dienstgeber als Teil des Entgeltes zur Verfügung gestellt).

Haftung geschiedener Eheleute für gemeinsame Kredite

Der Verpflichtete haftet als Hauptschuldner, der andere lediglich als »Ausfallsbürge«.

In vielen Ehen werden gemeinsame Kreditverpflichtungen eingegangen. Für den Fall der Scheidung sollte jedenfalls geregelt werden, wer in Zukunft diese Kreditverpflichtungen übernehmen wird.

Wenn beide Ehegatten für eine Kreditverpflichtung gehaftet haben, geschah dies in Form einer Solidarhaftung, wonach jeder von beiden der Bank gegenüber für die gesamte Schuld gehaftet hat. Es gibt aber die Möglichkeit, beim Familiengericht innerhalb eines Jahres nach der Scheidung einen Antrag zu stellen, daß auch gegenüber dem Kreditinstitut nur derjenige haftet, der sich zur alleinigen Rückzahlung der Schuld verpflichtet hat. Das bedeutet, daß sich die Bank zuerst an diesen Hauptschuldner zu wenden hat und nur für den Fall, daß dort nichts zu holen ist, den anderen geschiedenen Ehegatten als »Ausfallsbürgen« belangen darf.

Bei einvernehmlicher Ehescheidung gemäß § 55a Ehegesetz kann ein solcher Antrag natürlich ebenfalls gestellt werden. Das Gericht hat der Bank automatisch eine Beschlußausfertigung zu übersenden.

Im Hinblick auf die mit 1. Jänner 1995 in Kraft tretende Möglichkeit des Privatkonkurses können weitere Probleme der Haftung als Ausfallsbürge auftreten, wenn der zur Rückzahlung Verpflichtete in Privatkonkurs ist oder war, haftet der geschiedene Ehegatte jedenfalls für den offenen Rest weiter.

Ist die Annahme eines früheren Namens nach der Scheidung möglich?

Schuldlos Geschiedene behalten grundsätzlich den Familiennamen, den sie während der Ehe geführt haben.

Grundsätzlich behalten Geschiedene den Namen, den sie während der Ehe geführt haben. Ich darf daran erinnern, daß Verlobte seit der Familienrechtsreform die Möglichkeit haben, vor der Eheschließung auch den Familiennamen der Frau als gemeinsamen Familiennamen zu bestimmen.

Die Weiterführung dieses Namens kann jedoch der schuldlose Teil gegenüber dem Standesbeamten untersagen, wenn der andere an der Scheidung das alleinige oder überwiegende Verschulden hatte.

Vom Grundsatz der Namensweiterführung abweichend können aber Geschiedene durch Erklärung gegenüber dem Standesbeamten wieder ihren früheren Geschlechtsnamen (Mädchennamen) annehmen, ebenso auch den Ehenamen aus einer früheren Ehe, dessen Namen sie bei Eingehen der nunmehr geschiedenen Ehe getragen haben, wenn aus der früheren Ehe Nachkommenschaft vorhanden ist (ein Kind genügt) und man nicht selbst an der vorherigen Ehescheidung allein oder überwiegend schuldig war. Die Schuld bezieht sich bei dieser Frage auf die Ehe, aus der der Name wieder angenommen werden soll.

Gewalt in der Ehe

Ein immer mehr diskutiertes Problem ist die Gewalt in der Ehe. Der Gesetzgeber verbietet selbstverständlich jede Anwendung von Gewalt zwischen Eheleuten, aber auch gegenüber Kindern. Im Zusammenhang mit einem Scheidungsverfahren gibt es bei Übergriffen eines Ehepartners auf den anderen die Möglichkeit, vom Gericht einen Auftrag zum Verlassen der Ehewohnung an den gewalttätigen Ehepartner zu erhalten. Zweck dieser einstweiligen Verfügung ist der Schutz des einen Ehepartners vor Übergriffen des anderen. Eine strenge Überprüfung der Umstände durch das Gericht ist Voraussetzung; ein weiteres Zusammenleben darf nämlich nicht nur unzumutbar, sondern es muß unerträglich sein. Auch in Zukunft muß eine erhebliche Gefährdung wahrscheinlich sein. Aber auch die Beeinträchtigung der seelischen Integrität kann zu dieser einstweiligen Verfügung führen; sie muß allerdings einer schwerwiegenden körperlichen Bedrohung zumindest nahekommen.

Mit Hilfe der einstweiligen Verfügung bekommt der gewalttätige Ehepartner den Auftrag zum Verlassen der Wohnung.

Provisorischer Unterhalt durch einstweilige Verfügung

Absicherung für den unterhaltsberechtigten Ehepartner. Der Unterhalt ist jedoch kein endgültiger.

Neben der einstweiligen Verfügung zum Auftrag an einen der Ehepartner, die Ehewohnung zu verlassen, gibt es noch zwei weitere einstweilige Verfügungen. Sinn und Zweck dieser einstweiligen Verfügungen ist, in einem möglichst schnellen Verfahren Abhilfe zu schaffen, wobei es sich nicht um die endgültige Entscheidung handelt. Kurz sei nun die zweite einstweilige Verfügung erläutert:
Verletzt der Unterhaltsschuldner seine Unterhaltspflichten, so kann im Wege einer einstweiligen Verfügung provisorischer Unterhalt für den unterhaltsberechtigten Ehepartner oder auch für die Kinder begehrt werden. In diesem Verfahren müssen der Unterhaltsanspruch und die Unterhaltsverletzung bescheinigt (nicht bewiesen!) werden. Eine Unterhaltsgefährdung für die Zukunft muß nicht nachgewiesen werden. Auch hier gibt es eine Unterhaltsverwirkung nur in besonders krassen Fällen.

Sicherung des Vermögens durch einstweilige Verfügung

Aufteilungsanspruch ist durch einstweilige Verfügung dem anderen Ehepartner gesichert.

Eine weitere und somit dritte einstweilige Verfügung ist zur Sicherung des Aufteilungsanspruches vorgesehen. Diese ist dann als Hilfestellung möglich, wenn eine konkrete Gefährdung besteht, daß aufzuteilendes Vermögen durch einen Ehepartner entfernt wird.

Es gibt auch eine Benützungsregelung für das eheliche Gebrauchsvermögen im Zusammenhang mit Scheidung und Aufteilung. Voraussetzung dafür ist die Darlegung eines Regelungsbedürfnisses, nicht notwendig ist eine Gefahrenbescheinigung. Voraussetzung für die Erlangung von einstweiligen Verfügungen sind parate Bescheinigungsmittel. Darunter versteht man die Glaubhaftmachung durch Beweismittel, die dem Gericht direkt oder möglichst schnell zur Verfügung stehen (eidesstattliche Erklärung, Urkunden u. dgl.). Zuständig ist für alle einstweiligen Verfügungen das Gericht des Hauptprozesses.

6. Kapitel **Erbrecht**

Für viele ältere Menschen ist es ein Herzensanliegen, ihre Erbfolge zu regeln. Im ABGB haben wir die Regelungen sowohl im Hinblick auf die gesetzliche Erbfolge als auch darauf, wie jemand durch letztwillige Verfügung außerhalb dieser Regelung Erbe werden kann. Dabei ist auch zu beachten, daß nicht immer über das gesamte Vermögen frei disponiert werden kann, weil Pflichtteilsansprüche vorliegen können. Letztendlich wurde in diesem Rechtsbereich das gleiche Erbrecht für eheliche und uneheliche Kinder mit verschiedenen Folgeproblemen normiert.

Die gesetzliche Erbfolge

Die vier Linien der gesetzlichen Erbfolge.

Gleich zu Beginn etwas Grundsätzliches: Wenn ein Verstorbener keine letztwillige Erklärung (z. B. Testament) hinterlassen hat, findet die gesetzliche Erbfolge statt. Das bedeutet, daß die ganze Verlassenschaft des Verstorbenen den gesetzlichen Erben zufällt. Das sind jene Personen, die mit dem Erblasser verwandt sind, sowie der (die) Ehegatte (-gattin).
In folgender Reihenfolge erben:

1. Linie: die Kinder des Erblassers und deren Nachkommen.
2. Linie: Vater und Mutter des Erblassers sowie seine Geschwister und ihre Nachkommen.
3. Linie: die Großeltern und deren Nachkommen.
4. Linie: die Urgroßeltern des Erblassers.

Der Ehegatte ist neben den Kindern des Erblassers und deren Nachkommen zu einem Drittel, neben den Eltern des Erblassers und deren Nachkommen oder neben Großeltern zu zwei Dritteln des Nachlasses gesetzlicher Erbe.

Blutsverwandtschaft: Basis der gesetzlichen Erbfolge

Ausnahmen sind der Ehegatte und die Adoptivkinder.

Eine Mutter von zwei Töchtern hat noch einen Stiefsohn, den ihr Mann aus erster Ehe mitgebracht hat. Sie möchte wissen, ob der Stiefsohn nach ihrem Tod auch erbt oder ob sie ein Testament machen muß, damit einmal ihre Töchter alles erben.

Mit Ausnahme des Ehegatten und der Adoptivkinder ist das Erbrecht auf dem Prinzip der Blutsverwandtschaft aufgebaut, sofern nicht eine letztwillige Anordnung errichtet wird. Das heißt, daß weder Stiefkinder noch Stiefeltern ein gesetzliches Erb- bzw. Pflichtteilsrecht haben.
Sollte die Mutter in unserem Beispiel kein Testament errichten, würden nach der gesetzlichen Erbfolge der Ehegatte ein Drittel und die beiden Töchter zusammen zwei Drittel, also jede ein Drittel, erben.
Der Stiefsohn erbt daher nach dem Tod der Stiefmutter nicht. Er hat allerdings nach dem Tod des Vaters ein gesetzliches Erb- bzw. Pflichtteilsrecht wie seine beiden Halbschwestern.

Wann erben Eltern und Geschwister?

Stirbt ein Ehepartner kinderlos und ohne Testament, erben auch Eltern bzw. Geschwister.

Ein Ehepartner – die Ehe war kinderlos – stirbt, ohne ein Testament zu hinterlassen. Der Verstorbene hat jedoch noch Eltern und Geschwister. Wieviel erbt der überlebende Ehepartner, und wieviel erben die Eltern bzw. Geschwister? Wer erbt, wenn beide Eltern schon gestorben sind?

Wenn ein Ehegatte ohne Hinterlassung einer letztwilligen Verfügung stirbt, so ist neben den Eltern des Erblassers und deren Nachkommen der überlebende Ehegatte zu zwei Dritteln des Nachlasses gesetzlicher Erbe. Das restliche Drittel fällt zu gleichen Teilen, also zu je einem Sechstel, den Eltern des Verstorbenen zu. Ist aber ein Elternteil bereits verstorben, so erhalten jenes Sechstel, das ansonsten diesem Elternteil zugefallen wäre, die Nachkommen des verstorbenen Elternteiles, also die Geschwister des verstorbenen Ehepartners bzw. deren Kinder. Für den Fall, daß beide Elternteile vorverstorben sind, fällt das gesamte, ansonsten den Eltern gebührende Drittel des Nachlasses den Geschwistern bzw. deren Nachkommen zu.

Witwe(r) hat Recht auf die eheliche Wohnung

Seit 1. Jänner 1991: Neben Hausrat auch Recht an ehelicher Wohnung.

Das seit 1. Jänner 1991 geltende Erbrechtsänderungsgesetz hat neben der Gleichstellung der unehelichen mit den ehelichen Kindern auch für den überlebenden Ehegatten eine Neuerung gebracht: das Recht, die eheliche Wohnung zu behalten, auch wenn jemand anderer Erbe ist. Bisher konnten nämlich die Miterben Anspruch darauf erheben. Dem überlebenden Ehegatten standen bisher als gesetzliches Vorausvermächtnis nur die zum ehelichen Haushalt gehörenden Sachen (= Hausrat), die er für den eigenen Bedarf unbedingt benötigt hat, zu. Mit 1. Jänner 1991 fällt unter das gesetzliche Vorausvermächtnis zudem das Recht, in der Ehewohnung wie bisher weiter zu wohnen sowie die zum ehelichen Haushalt gehörenden beweglichen Sachen, soweit sie zu dessen Fortführung entsprechend den bisherigen Lebensverhältnissen erforderlich sind, zu behalten. Gesetzliches Vorausvermächtnis heißt, daß der überlebende Ehegatte von Gesetzes wegen Anspruch auf bestimmte Teile des Nachlaßvermögens hat, nämlich auf die Ehewohnung und den Hausrat.
Das Recht, in der Ehewohnung weiter zu wohnen, besteht, solange der überlebende Ehegatte die Wohnung persönlich beansprucht. Zieht er aus, so erlischt der Anspruch.

Hat ein Adoptivkind ein gesetzliches Erbrecht?

Adoptivkinder erben sowohl nach den leiblichen Eltern als auch nach den Adoptiveltern.

Die Ehe einer Frau wurde vor 25 Jahren geschieden. Das einzige Kind aus dieser Ehe (ein Sohn) blieb bei ihr und wurde von ihrem späteren Ehemann adoptiert. Die Frau möchte wissen, ob der Sohn nach seinem leiblichen Vater, der sehr vermögend ist, ein gesetzliches Erbrecht hat oder nach seinem Adoptivvater.

Durch die Adoption gehen grundsätzlich alle Rechte und Pflichten des leiblichen Vaters primär auf den Adoptivvater über. So hat der leibliche Vater z. B. nur dann für den Unterhalt des adoptierten Kindes aufzukommen, wenn der Adoptivvater hiezu nicht in der Lage ist.
Das Erbrecht des Adoptivkindes bleibt hingegen in der natürlichen Familie voll aufrecht, so daß nach dem Tod des leiblichen Vaters der adoptierte Sohn gesetzliche Erb- bzw. Pflichtteilsansprüche erheben kann.
Der Sohn dieser Frau hat somit sowohl nach dem Tod seines leiblichen Vaters als auch nach dem Tod seines Adoptivvaters ein gesetzliches Erb- bzw. Pflichtteilsrecht.

Erbt der Halbbruder nach dem Tod der Eltern?

Der Halbbruder erbt nur nach dem gemeinsamen leiblichen Elternteil.

Ein Vater hat seine Tochter durch Errichtung eines Testaments zur Alleinerbin eingesetzt. Diese hat noch einen Halbbruder, den Sohn aus der ersten Ehe ihres Vaters. Sie möchte nun wissen, ob ihr Halbbruder einen Erbanspruch hat, und wenn ja, wieviel.

Ja. Der Halbbruder hat gegenüber dem Nachlaß nach seinem Vater ein gesetzliches Erb- bzw. Pflichtteilsrecht. Da die Leserin zur Alleinerbin eingesetzt wurde, können sowohl ihr Halbbruder als auch die Witwe den Pflichtteil begehren.
Nach der gesetzlichen Erbfolge würden die Witwe ein Drittel, die Tochter und ihr Halbbruder zusammen zwei Drittel des Nachlaßvermögens erben. Da der Pflichtteil die Hälfte des gesetzlichen Erbteils und eine Forderung in Geld ist, müßte die Tochter auf Verlangen sowohl der Witwe als auch dem Halbbruder je ein Sechstel des Nachlaßvermögens ausbezahlen.

Begründet Namensgebung ein gesetzliches Erbrecht?

Durch Namensgebung allein entsteht kein Erbanspruch.

Ein junger Mann hat geheiratet. Seine Frau brachte in die Ehe ein lediges Kind mit, das durch Namensgebung seinen Namen erhielt. Die Ehe wurde nach einiger Zeit geschieden. Seitdem lebt der Mann, der noch fünf Geschwister hat, mit seiner Lebensgefährtin. Er fragt an, ob im Falle seines Ablebens seine Geschwister erben, ob seine geschiedene Frau Erbansprüche hat und ob deren Sohn durch die Namensgebung erbt. Ferner, ob seine Lebensgefährtin Erbansprüche hat.

In Ermangelung einer Blutsverwandtschaft ist weder die Lebensgefährtin noch der außereheliche Sohn der geschiedenen Gattin nach dem Gesetz erbberechtigt. Die Namensgebung allein begründet noch kein Erbrecht. Da die Ehe rechtskräftig geschieden wurde, hat auch die geschiedene Frau keinen Erbanspruch. Nach dem Gesetz sind allerdings die Geschwister erbberechtigt. Da diese aber nicht pflichtteilsberechtigt sind, kann der Mann vollkommen frei über sein Vermögen verfügen und jede beliebige Person zum Erben einsetzen.

Wer erbt, wenn Eheleute gleichzeitig sterben?

Die gesetzliche Erbfolge tritt ein, wenn kein Ersatzerbe testamentarisch bestimmt wurde.

Ein Ehepaar, kinderlos, hat einen Urlaubsflug gebucht. Die Eheleute haben sich testamentarisch gegenseitig zu Erben eingesetzt und fragen nun, was zu tun ist, damit ihre Nichte alles erbt, wenn sie beide (bei einem Absturz) gleichzeitig sterben. Besonders vor der Urlaubszeit häufen sich die Fragen, wer in so einem Falle erbt.

Es ist hiebei zu beachten, daß in den meisten Fällen der Tod der Eheleute nicht zum selben Zeitpunkt eintritt. Daraus folgt, daß bei gegenseitiger Erbeinsetzung der zuerst Versterbende vom zunächst Überlebenden beerbt wird.
Da aber in vielen Fällen der Überlebende nicht mehr testierfähig ist, wird schon anläßlich der Testamentserrichtung auch auf so einen Fall Bedacht zu nehmen sein. Es ist daher anzuraten, daß jeder Ehegatte auch dann, wenn er den jeweils anderen zum Erben einsetzt, für diesen einen Ersatzerben bestimmt und auch für den Fall seines Überlebens schon jetzt einen Erben einsetzt (z. B. wie in unserem Fall die Nichte).

Haben auch Geschiedene Anspruch auf ein Erbrecht?

Geschiedene Eheleute haben weder ein gesetzliches Erb- noch ein Pflichtteilsrecht.

Die Ehe einer Frau (48 Jahre) wurde vor neun Jahren aus dem Alleinverschulden des Mannes wegen einer schweren Eheverfehlung nach § 49 des Ehegesetzes geschieden. Der Frau wurde gesagt, daß sie die Witwenpension in der Höhe ihres Unterhaltes bekommt. Da ihr geschiedener Mann schwer krank ist und nicht noch einmal geheiratet hat (aus der Ehe stammen zwei Kinder), möchte sie wissen, ob sie und die beiden Kinder nach seinem Tod erben.

Nach den Bestimmungen des ABGB haben geschiedene Eheleute weder ein gesetzliches Erb- noch ein Pflichtteilsrecht. Das Verschulden an der Ehescheidung ist ohne rechtliche Bedeutung. Sollte der geschiedene Mann ohne Hinterlassung einer letztwilligen Anordnung versterben, würden seine beiden Kinder je die Hälfte seines Vermögens erben. Die Frau hat daher – sollte der geschiedene Mann sie testamentarisch nicht bedenken – weder Anspruch auf ein gesetzliches Erb- noch auf ein Pflichtteilsrecht.

Wann »erbt« der Staat?

Der Staat »erbt«, wenn weder ein gesetzlicher Erbe noch ein Testamentserbe vorhanden ist.

Eine Frau, alleinstehend (es gibt keine Verwandten), möchte wissen, was mit ihrem Vermögen geschieht, wenn sie ohne Hinterlassung einer letztwilligen Verfügung stirbt.

Wenn nach dem Tod der Frau weder ein gesetzlicher Erbe (das wäre ein naher Angehöriger) noch eine letztwillige Anordnung vorhanden ist, erhält die Republik Österreich (= der Staat) das gesamte Vermögen. Da es sich um ein Heimfallsrecht und um kein Erbrecht des Staates handelt, ist das Wort »erben« an sich nicht richtig. § 760 ABGB besagt nämlich wörtlich: »Wenn kein zur Erbfolge Berechtigter vorhanden ist oder wenn niemand die Erbschaft erwirbt, fällt die Verlassenschaft als ein erbloses Gut dem Staate anheim.« Das heißt, daß der Staat nicht Erbe wird, er hat nur einen gesetzlichen Anspruch auf das Vermögen. Natürlich muß das Gericht zuerst festgestellt haben, daß tatsächlich kein Erbe vorhanden ist. Der Staat, der nach dieser Feststellung das Vermögen erhält, haftet für allfällige Erbschaftsschulden nur bis zur Höhe der übernommenen Nachlaßaktiven.

Kann man auf sein Erbrecht verzichten?

Ein Ehepaar hat unter Entbehrungen ein Haus gebaut. Die beiden berufstätigen Kinder haben, jedes für sich, den Eltern eine Bestätigung ausgestellt, daß sie erbrechtlich keine Ansprüche mehr stellen werden. Sind diese beiden Bestätigungen eine Absicherung für den überlebenden Ehepartner, oder muß dieser den Kindern noch etwas auszahlen?

Ein Erbverzicht ist nur rechtswirksam, wenn er die Form eines Notariatsaktes aufweist oder durch gerichtliches Protokoll beurkundet ist.

Nach § 551 des ABGB kann derjenige, der über sein Erbrecht gültig verfügen kann, durch Vertrag mit dem Erblasser im voraus darauf verzichten. Dieser Vertrag bedarf aber zu seiner Rechtswirksamkeit der Form eines Notariatsaktes oder der Beurkundung durch gerichtliches Protokoll. Da es sich in unserem Fall nur um selbstverfaßte Bestätigungen der Kinder handelt, ist es ratsam, daß Eltern und Kinder einen Notar oder das Gericht aufsuchen und dort einen Erbverzichtsvertrag abschließen. Damit wäre der überlebende Ehegatte den Kindern gegenüber abgesichert und müßte diesen nichts ausbezahlen. Ein Erbverzicht gilt im Zweifel auch für die Nachkommen des Verzichtenden.

Kann man vom Erbrecht ausgeschlossen werden?

Ein Ausschluß ist möglich, wenn ein Enterbungsgrund oder Erbunwürdigkeit vorliegt.

Hin und wieder fragen enttäuschte Eltern, ob es möglich ist, ein Kind vom Erbrecht auszuschließen.

Diese Möglichkeit besteht nur, wenn ein gesetzlicher *Enterbungsgrund* oder *Erbunwürdigkeit* vorliegt.

Ein gesetzlicher Enterbungsgrund liegt vor, wenn ein Kind:

1. den Erblasser im Notstand hilflos gelassen hat oder
2. wegen einer oder mehrerer mit Vorsatz begangener strafbarer Handlungen zu lebenslanger oder mindestens 20jähriger Freiheitsstrafe verurteilt wurde
   oder
3. eine gegen die öffentliche Sittlichkeit anstößige Lebensart beharrlich führt.

Aus den gleichen Gründen können auch der Ehegatte und die Eltern enterbt werden. Der Ehegatte außerdem, wenn er seine Beistandspflicht, die Eltern, wenn sie die Pflege und Erziehung des Erblassers gröblich vernachlässigt haben.
Letzteres gilt seit 1. Jänner 1991 als Erbunwürdigkeit. Erbunwürdig ist, wer gegen den Erblasser ein Verbrechen begangen hat, es sei denn, dieser habe ihm verziehen. Ferner wer eine Handlung begeht, die den wahren Willen des Erblassers vereiteln soll (z. B. Testamentsfälschung).

Uneheliche Kinder sind den ehelichen im Erbrecht gleichgestellt

Eine Pflichtteilsminderung ist bei fehlendem Naheverhältnis möglich.

Seit 1. Jänner 1991, also seit dem Inkrafttreten des Erbrechtsänderungsgesetzes, ist das uneheliche Kind dem ehelichen auch nach dem Vater erbrechtlich vollkommen gleichgestellt (nach der Mutter war es das schon). Es muß allerdings bereits zu Lebzeiten des Erblassers die Vaterschaft festgestellt oder zumindest gerichtlich geltend gemacht worden sein.

Neu ist, daß über Anordnung des Erblassers der Pflichtteil auf die Hälfte gemindert werden kann, und zwar dann, wenn zu keiner Zeit ein Naheverhältnis zwischen dem Elternteil und dem Kind – wie es in einer Familie sein sollte – bestanden hat. Aus diesem Grund kann auch der Großelternteil, der mit diesem Elternteil verwandt ist, den Pflichtteil des Enkels mindern. Die Möglichkeit der Pflichtteilsminderung besteht sowohl dem unehelichen und ehelichen Kind gegenüber, wie auch von seiten des Kindes den Eltern und Großeltern gegenüber.

Da aufgrund des Gesetzeswortlautes Auslegungen möglich sind, ist abzuwarten, wie der OGH dieses Gesetz anwenden wird und was die Wissenschafter dazu zu bemerken haben.

Was ist ein Testament? Die wichtigsten Formen

Am sichersten ist die Errichtung eines Testaments vor dem Notar.

Das Testament ist eine letztwillige Verfügung, die eine Erbeinsetzung enthält. Die wichtigsten Formen:

Von einem *eigenhändigen* Testament spricht man dann, wenn der Erblasser das Testament eigenhändig handschriftlich schreibt und unterschreibt. Ein Datum ist ratsam, da ein mit einem späteren Datum verfaßtes Testament ein früheres aufhebt.

Das *fremdhändige* Testament liegt dann vor, wenn der Erblasser das Testament von fremder Hand oder mit Schreibmaschine verfassen läßt. Neben der eigenhändigen Unterschrift muß der Erblasser vor drei fähigen Zeugen, wovon wenigstens zwei zugleich anwesend sein müssen, ausdrücklich erklären, daß das Schriftstück seinen letzten Willen enthält. Wesentlich ist, daß die Zeugen auf der Urkunde selbst mit einem Zusatz unterschreiben, der auf ihre Eigenschaft als Zeugen hinweist.

Beim *mündlichen* Testament muß der Erblasser vor drei gleichzeitig ununterbrochen anwesenden Zeugen seinen letzten Willen erklären.

Unterschied:
Kodizill – Testament

Das Kodizill ist eine letztwillige Anordnung, die zum Unterschied vom Testament keine Erbeinsetzung (wie gesamter Nachlaß oder Quoten) enthält. Im Kodizill werden nur einzelne Gegenstände, Summen oder auch Rechte, also sogenannte Legate, vermacht. Der Wert der Vermächtnisse (Legate) kann sogar den größten Teil der Verlassenschaft ausmachen.

Gemeinsam: Gleiche Formvorschriften und jederzeit widerrufbar.

Der Legatar kann für Lasten nur insoweit haften, als sich diese auf den Legatsgegenstand beziehen. Er muß sich allerdings eine verhältnismäßige Kürzung seines Legates gefallen lassen, wenn der Nachlaß für die Auszahlung der Schulden und der Vermächtnisse (Legate) nicht ausreicht. Den Ansprüchen der Vermächtnisnehmer (Legatare) gehen Pflichtteilsforderungen und Forderungen der Nachlaßgläubiger (z. B. wenn der Erblasser Schulden hatte) vor. Für die Errichtung einer solchen Anordnung gelten die gleichen Formvorschriften wie beim Testament.

Erbvertrag: Absicherung für den Ehegatten

Der Erbvertrag ist ein Notariatsakt. Ein Viertel des Vermögens bleibt zur freien Verfügung.

Eheleute, die sich gegenseitig soweit wie möglich absichern wollen, fragen oft, welche Form die geeignetste ist.

Die Errichtung eines Testaments wird nur bedingt zu empfehlen sein, weil dieses jederzeit und einseitig widerrufen werden kann. Mit dem Erbvertrag jedoch, der nur unter Ehegatten abgeschlossen werden kann, setzt entweder ein Ehepartner den anderen oder es setzen beide einander zu Erben ein. Durch den Erbvertrag kann aber ein Ehegatte nicht gänzlich auf das Recht zu testieren (= ein Testament zu errichten) verzichten. Ein Viertel bleibt nach dem Gesetz der freien Verfügung vorbehalten. Wurde darüber aber nicht verfügt, so fällt dieses Viertel nicht dem Vertragserben, sondern den gesetzlichen Erben zu.
Pflichtteilsansprüche von Kindern und Eltern beziehen sich allerdings auf den *ganzen* Nachlaß und nicht nur auf das Viertel. Ein Erbvertrag kann somit den Pflichtteil der Kinder oder Eltern nicht schmälern. Ein Erbvertrag setzt eine gültige Ehe voraus und bedarf der Form eines Notariatsaktes.

Wie errichte ich ein gültiges Testament?

Das Testament muß eigenhändig handschriftlich geschrieben und selbst unterschrieben sein.

Da diese Frage sehr oft gestellt wird, möchte ich anhand eines Beispiels den Inhalt eines einfachen, eigenhändigen Testaments aufzeigen:
Ein Ehepaar mit Kindern möchte sich gegenseitig zu Erben einsetzen und den Kindern nur den Pflichtteil zukommen lassen. Bei einem eigenhändigen Testament muß jeder Ehegatte sein Testament selbst schreiben und unterschreiben. Das Testament lautet dann in etwa folgend:

(Überschrift:) *Testament*
Ich, Herr ... (Frau ...), setze meine Gattin, Frau ... (meinen Gatten, Herrn ...), zur (zum) Alleinerbin (Alleinerben) ein. Bei Eintritt dieser Erbfolge werden meine Kinder auf den Pflichtteil beschränkt.
(Darunter links Datum und rechts die Unterschrift)

Ein Testament sollte möglichst kurz und klar gefaßt sein. Ein Aufzählen von Vermögenswerten bei reiner Erbeinsetzung ist nicht erforderlich. Nur dann, wenn andere Personen als der Erbe gewisse Vermögenswerte erhalten sollen (= Legate), müssen diese genau bezeichnet werden.

Wann ist jemand unfähig, ein Testament zu errichten?

Auch Unmündige (unter 14) und Minderjährige unter 18 Jahren ohne Notar oder Gericht sind testierunfähig.

Oft hört man, daß der Verstorbene zur Zeit der Testamentserrichtung nicht ganz zurechnungsfähig gewesen ist. Besteht in einem solchen Fall die Aussicht, das Testament erfolgreich zu bekämpfen?

Für eine erfolgreiche Anfechtung müßte nachgewiesen werden, daß der Erblasser das Testament »im Zustande der Raserei, des Wahnsinns, Blödsinns oder der Trunkenheit« errichtet hat.

Nach der Rechtsprechung muß der Erblasser aber »nicht die volle Tragweite der letztwilligen Anordnung in allen Auswirkungen erkennen«. Es schließt also nicht jede Beeinträchtigung der Willensbildung, sondern nur ein so hoher Grad, der dem Zustand der Raserei, des Wahnsinns, Blödsinns oder der Trunkenheit gleichkommt, die Testierfähigkeit aus, z. B. dann, wenn der Erblasser nicht einmal wußte, daß er eine letztwillige Verfügung trifft und was ihr Inhalt ist. Der Nachweis einer Krankheit geistiger Art reicht nicht aus. Es muß der freie Wille gefehlt haben, so daß die Erklärung nicht »überlegt, bestimmt und frei war«.

Unmündige (unter 14 Jahren) sind zu testieren unfähig. Minderjährige, die das 18. Lebensjahr noch nicht vollendet haben, können nur mündlich vor Gericht oder mündlich notariell testieren. Mit vollendetem 18. Lebensjahr kann ohne weitere Einschränkung ein letzter Wille erklärt werden.

Sanierung eines formell ungültigen Testaments

Es gibt zwei Möglichkeiten der Korrektur eines formungültigen Testaments.

Die alleinstehende Tante ließ knapp vor ihrem Tod von einer Freundin ihren letzten Willen niederschreiben. Sie unterschrieb dieses Testament und ließ auch drei Zeugen, die zugleich anwesend waren, unterschreiben.
In diesem Testament wurde die Nichte zur Alleinerbin eingesetzt. Der zuständige Notar teilte ihr dann aber mit, daß das Testament formell ungültig sei, weil bei den Unterschriften der Zeugen der Hinweis auf die Zeugenschaft fehle. Daher käme die gesetzliche Erbfolge zur Anwendung. Das hieße, daß die Erbschaft unter vier Neffen und zwei Nichten zu teilen sei.
Gibt es nun eine Möglichkeit, diesen Formfehler zu korrigieren?
Eine *Möglichkeit* bestünde darin, daß die gesetzlichen Erben die Rechtsgültigkeit des formungültigen Testaments anerkennen.
Die zweite *Möglichkeit* wäre, daß die Testamentszeugen vor Gericht erklären, Zeugen eines mündlichen Testaments der Erblasserin gewesen zu sein. Diese Sanierung nennt man »Konversion«.

Wie verwahrt man am besten ein Testament?

Am sichersten ist die Erfassung im Zentralen Testaments-register.

Beruhigt, mit dem verfaßten Testament endlich Ordnung in die vermögensrechtlichen Angelegenheiten gebracht zu haben, taucht eine neue Sorge auf: Wie verwahrt man am besten ein Testament, damit es nicht in Verlust gerät?

Da es keine gesetzlichen Regelungen gibt, bleibt die Art der Verwahrung jedem selbst überlassen. Am sichersten ist jedoch die Erfassung der letztwilligen Anordnungen im Österreichischen Zentralen Testamentsregister, das von der Österreichischen Notariatskammer in Wien errichtet wurde. Darin werden alle von Notaren und Rechtsanwälten – die in gleicher Weise dazu befugt und befähigt sind – errichteten letztwilligen Anordnungen, aber auch die von Gerichten sowie Erbverzichtsverträge registriert. Auch selbstver faßte Testamente können Rechtsanwälten und Notaren zur Registrierung übergeben werden.

Dieses Testamentsregister bietet die Gewähr dafür, daß im Falle des Todes einer Person verläßlich festgestellt werden kann, ob der Verstorbene ein Testament hinterlassen hat und wo dieses aufbewahrt ist.

Was ist der Pflichtteil? Wer hat Anspruch darauf?

Grundsätzlich kann jeder über sein Vermögen frei verfügen. Das Pflichtteilsrecht sichert aber bestimmten Personen einen Mindestanteil am Nachlaßwert. Pflichtteilsberechtigt sind die Kinder, wenn nicht vorhanden, Enkel, sind keine Nachkommen vorhanden, die Eltern des Erblassers und in beiden Fällen der (die) Ehegatte (-gattin). Geschwister haben kein Pflichtteilsrecht.

Pflichtteilsberechtigt sind Kinder (Enkel), Eltern und der (die) Ehegatte (-gattin).

Sollte der Erblasser eine letztwillige Verfügung (z. B. Testament) errichten, ohne darin die Pflichtteilsberechtigten zu bedenken, können diese berechtigt ihren Pflichtteil fordern. Er beträgt bei Kindern und deren Nachkommen und dem (der) Ehegatten (-gattin) die Hälfte, bei den Eltern ein Drittel des gesetzlichen Erbteiles und ist eine Forderung in Geld.
Ein Beispiel: Ein Erblasser, verheiratet, zwei Kinder, setzt testamentarisch eine fremde Person zum Erben ein. Der Ehegattin gebührt nach der gesetzlichen Erbfolge ein Drittel und den Kindern zusammen zwei Drittel. Der Pflichtteil beträgt daher für jeden ein Sechstel des Nachlaßvermögens (berechnet nach dem Schätz- oder Verkehrswert).

Was wird in den Pflichtteil eingerechnet?

Eingerechnet: Heiratsgut, Ausstattung etc. und Vorschußleistungen. Nicht das Studium.

Der Pflichtteil muß dem Pflichtteilsberechtigten frei von Beschränkungen jeglicher Art zukommen. Der Pflichtteilsberechtigte muß sich aber gefallen lassen, daß alles, was er durch Verfügungen des Erblassers erhalten hat, bei der Berechnung des Pflichtteils berücksichtigt wird.
Ferner wird das eingerechnet, was der Erblasser zu Lebzeiten seiner Tochter oder Enkelin zum Heiratsgut, seinem Sohn oder Enkel zur Ausstattung oder unmittelbar zum Antritt eines Amtes oder Gewerbes gegeben oder zur Bezahlung der Schulden eines volljährigen Kindes verwendet hat. Die Kosten eines Studiums werden jedoch nicht berücksichtigt.
Und im besonderen ist alles einzurechnen, was der Erblasser zu Lebzeiten als Vorschuß darauf geleistet hat, wobei diese Anrechnung vertraglich zu vereinbaren ist. In den Pflichtteil des Ehegatten alles, was er als gesetzliches Vorausvermächtnis (z. B. Hausrat) erhalten hat.

Pflichtteil: Schenkungen, die nicht einzurechnen sind

Eine Großmutter (Witwe), verärgert über ihren Sohn (einziges Kind), will diesen vom Pflichtteil ausschließen. Sie möchte ihrem einzigen Enkel (21 Jahre) noch zu ihren Lebzeiten alles schenken und will wissen, ob damit der Pflichtteilsanspruch des Sohnes gegenstandslos ist.

Nicht einzurechnen ist eine Schenkung, wenn sie an einen Nichtpflichtteilsberechtigten erfolgt und der Erblasser das Schenkungsdatum zwei Jahre überlebt.

Verschenkt ein Erblasser sein Vermögen an einen Nichtpflichtteilsberechtigten (z. B. Neffen, Nichten, hier der Enkel, weil dessen Vater noch lebt), so können die Pflichtteilsberechtigten (also der Sohn) nicht verlangen, daß diese Schenkung zum Nachlaß, aus dem die Pflichtteile ermittelt werden, dazugerechnet wird. Grundvoraussetzung ist allerdings, daß diese Schenkung mehr als *zwei Jahre vor dem Tod* des Erblassers gemacht wurde. Überlebt die Großmutter das Schenkungsdatum also um zwei Jahre, so hat ihr Sohn hinsichtlich dieser Schenkung keinen Pflichtteilsanspruch. Schenkt der Erblasser zu Lebzeiten jedoch an einen Pflichtteilsberechtigten, so muß diese Schenkung auf Verlangen eingerechnet werden.

Vor- und Nacherbschaft oder Pflichtteile

Vorerbe (überlebender Gatte) verfügt nicht über Substanz, sondern nur über Erträgnisse.

Eheleute wollen sich gegenseitig zum Alleinerben einsetzen und wünschen oft, daß ihre Kinder erst dann erben, wenn *beide* gestorben sind. Häufig wird die Frage gestellt, ob es dabei eine Umgehung der Pflichtteile gibt.

Am ehesten ist dies im Wege der Vor- und Nacherbschaft zu erreichen. So ein Testament, das jeder Ehegatte selbst schreibt und unterschreibt, sollte etwa folgendermaßen lauten:

Mein gesamtes Vermögen soll nach meinem Tod mein(e) Ehegatte (Ehegattin) ... als Vorerbe erhalten. Nacherben sind zu gleichen Teilen meine ... (Anzahl) Kinder, und zwar ... (Namen). Sollten meine Kinder die aus der Vorerbschaft sich ergebende Beschränkung nicht anerkennen und den Pflichtteil fordern, so haben sie nur den reinen Pflichtteil zu erhalten, und es gilt in diesem Falle die Nacherbfolge als nicht angeordnet, so daß mein(e) Ehegatte (Ehegattin) frei über meinen Nachlaß verfügen kann.

Die Kinder stehen damit vor der Wahl, entweder das ganze Vermögen des verstorbenen Elternteils, aber erst nach dem Tod des zweiten Elternteiles, oder nur den Pflichtteil in Geld zu bekommen.

Der Vorerbe darf jedoch nicht über die Substanz (z. B. Verkauf eines Hauses), sondern nur über die Erträgnisse (z. B. Mieteinnahmen bei Vermietung) verfügen.

Wann verjährt der Erb- bzw. Pflichtteilsanspruch?

Der Pflichtteil ist innerhalb von drei Jahren, das Erbrecht innerhalb von 30 Jahren geltend zu machen.

Der Pflichtteilsanspruch ist bei Gericht oder beim zuständigen Notar innerhalb von drei Jahren ab Testamentskundmachung geltend zu machen. Es genügt ein eingeschriebener Brief mit der Mitteilung, daß der Pflichtteil in Anspruch genommen wird. Wenn der Brief nachweisbar eingelangt ist (es ist ratsam, sich darüber beim Notar zu vergewissern), ist der Anspruch gewahrt und der (die) Pflichtteilsberechtigte hat 30 Jahre Zeit, den geltend gemachten Pflichtteil zu fordern und notfalls auch einzuklagen.

Anders ist allerdings die Verjährung zu beurteilen, wenn eine pflichtteilsberechtigte Person namentlich testamentarisch auf den Pflichtteil gesetzt wurde. In einem solchen Fall gilt nach der herrschenden Rechtsprechung nicht die dreijährige, sondern die 30jährige Verjährungsfrist, weil der Pflichtteil mit Testament bereits bestimmt wurde. Der gesetzliche oder testamentarische Erbanspruch verjährt erst nach 30 Jahren. Das heißt, daß ein Erbe 30 Jahre Zeit hat, sein Erbrecht zu fordern bzw. einzuklagen.

Erbserklärung: bedingte oder unbedingte?

Bei verschuldetem Nachlaß ist eine bedingte Erbserklärung anzuraten.

Wenn ein naher Angehöriger gestorben ist, wird oft die Frage gestellt, ob es günstiger ist, eine bedingte oder eine unbedingte Erbserklärung abzugeben.

Eine *bedingte* Erbserklärung bedeutet kurz gesagt, daß der Erbe den Gläubigern des Nachlasses gegenüber nur bis zur Höhe des Nachlaßwertes haftet.
Eine *unbedingte* Erbserklärung hingegen hat zur Folge, daß der Erbe für Nachlaßschulden unbeschränkt zu haften hat, und zwar auch über den Nachlaßwert hinaus mit seinem gesamten Vermögen.
Die bedingte Erbserklärung erfordert allerdings, daß der Nachlaß durch Errichtung eines Inventars, allenfalls auch durch die Schätzung des Nachlaßvermögens, genau festgestellt wird, was mit Kosten verbunden ist. Bei einer unbedingten Erbserklärung ist im Regelfall ein eidesstattliches Vermögensbekenntnis zu errichten. Das bedeutet, daß der Erbe aus eigenem die Nachlaßwerte angeben kann.

Was ist zu tun, wenn jemand verstorben ist?

Das Gericht bestimmt zuletzt, ob eine Verlassenschaftsabhandlung stattfindet oder nicht.

Zur Verzweiflung und zum Schmerz um den Verlust eines geliebten Menschen kommt noch die Frage, welche Formalitäten zu erledigen sind.
Ist der Tod zu Hause erfolgt, so ist dies ohne Verzug dem Standesamt zu melden. Die Anzeige des Todesfalles und die Totenbeschau sind gesetzlich vorgeschrieben und noch am Todestag vorzunehmen. Nach der Totenbeschau ist die zuständige Bestattungsanstalt zu verständigen, die den Toten noch am selben Tag abzuholen hat. Meist am Tag darauf erfolgt durch das Standesamt, nach Vorlage bestimmter Urkunden, die Eintragung ins Sterbebuch.
Das Standesamt übersendet sodann eine Abschrift der Sterbeurkunde an das Bezirksgericht, in dessen Sprengel der Verstorbene seinen letzten Wohnsitz gehabt hat. Das Gericht stellt dann fest, ob ein Testament (oder Erbvertrag etc.) vorhanden ist, und bringt einen diesbezüglichen Vermerk an. Dann erhält der nach der Verteilungsordnung zuständige Notar den Auftrag zur Errichtung der Todfallsaufnahme. Danach geht der Akt ans Gericht zurück.

Schätzung: Wann erforderlich? Wer trägt die Kosten?

Eine Schätzung ist nicht anzuordnen, wenn minderjährige Erben »angeschrieben« werden.

Wenn minderjährige Erben oder Pflichtteilsberechtigte vorhanden sind, ist das bestehende Nachlaßvermögen zu inventarisieren (aufzulisten), wobei der Wert der beweglichen Nachlaßgegenstände durch Schätzung zu erheben ist. Die Schätzung des Liegenschaftsvermögens kann aber – ausgenommen, es betrifft einen minderjährigen Pflichtteilsberechtigten – dann unterbleiben, wenn dieses, den Erbquoten gemäß, auch auf den Minderjährigen übergeht. Das heißt, daß dieser im Grundbuch als Eigentümer eingetragen wird. Liegen also geregelte, übersichtliche Vermögensverhältnisse vor und werden die minderjährigen Erben entsprechend ihren Erbquoten »angeschrieben« (also im Grundbuch als Eigentümer eingetragen), muß eine Schätzung nicht stattfinden.

Die Schätzungskosten hängen vom Wert des Vermögens ab. Sie sind grundsätzlich von den Erben und Pflichtteilsberechtigten verhältnismäßig zu bezahlen.

Wer hat die Begräbniskosten zu bezahlen?

Begräbniskosten sind eine Forderung an den Nachlaß, daher von den Erben zu bezahlen.

Der Großvater einer Frau ist vermögenslos und ohne Hinterlassung einer letztwilligen Verfügung gestorben. Sein einziger Sohn, der Vater dieser Frau, ist schon einige Jahre vor diesem verstorben. Es gibt aber noch eine Tochter (die Tante der Frau), die das Begräbnis veranlaßt hat. Wer muß nun das Begräbnis bezahlen?

Nach dem Gesetz gehören zu den auf einer Erbschaft haftenden Lasten alle Kosten, die ein Begräbnis mit sich bringt. Die Begräbniskosten sind daher eine Forderung an den Nachlaß und demnach von den Erben zu bezahlen. Daher kann derjenige, der das Begräbnis in Auftrag gegeben und bezahlt hat, sich mit dieser Forderung an den Nachlaß wenden. Ist kein ausreichender Nachlaß zur Deckung der Begräbniskosten vorhanden, so haben hiefür nach ständiger Rechtsprechung jene Personen aufzukommen, die zu Lebzeiten des Verstorbenen diesem zum Unterhalt verpflichtet waren. Die Frau muß daher neben ihrer Tante für die Begräbniskosten aufkommen.

Wann fallen Versicherungen in den Nachlaß?

Nachlaß-zugehörig, wenn Polizze im Nachlaß war und kein Bezugs-berechtigter angeführt ist.

Der Ehemann ist tödlich verunglückt. Er hatte eine Lebensversicherung und eine private Unfallversicherung abgeschlossen. Die Witwe möchte nun wissen, ob sie die beiden Versicherungen, die ihr zugedacht sind, beim Notar angeben muß und ob sie dafür Steuer zu bezahlen hat.

Die Versicherungssummen aus den beiden Versicherungen fallen dann nicht in den Nachlaß, wenn entweder die Witwe in den Versicherungspolizzen als Bezugsberechtigte angeführt ist oder wenn es sich um Überbringerpolizzen handelt (Versicherungssumme ist an den Überbringer der Polizze auszuzahlen) *und* wenn die Polizze sich zum Zeitpunkt des Todes des Gatten im Besitz der Gattin befunden hat.
Sollte in den Polizzen kein Bezugsberechtigter angeführt sein oder diese auf Überbringer lauten *und* sich im Besitz (= Nachlaß) des Verstorbenen befunden haben, so wären diese nachlaßzugehörig. Das hätte zur Folge, daß diese Versicherungssummen unter den Erben aufzuteilen wären. In jedem Fall ist aber die Versicherungssumme zu versteuern.

Ist der Unterhaltsanspruch des Kindes vererblich?

Der Unterhaltsanspruch des Kindes findet bis zum Wert der Verlassenschaft Deckung.

Ein Vater hat seiner Tochter sein ganzes Vermögen mit Schenkungsvertrag auf den Todesfall übertragen. Da aus zweiter Ehe des Vaters zwei kleine Kinder stammen (die Mutter ist bei der Geburt des zweiten Kindes gestorben), interessiert die Tochter, wer für den Unterhalt der Kinder aufkommen muß, wenn ihrem Vater plötzlich etwas zustoßen sollte.

Das ABGB sagt dazu, daß die Schuld eines Elternteiles, dem Kind den Unterhalt zu leisten, bis zum Wert der Verlassenschaft auf die Erben übergeht. Auf den Anspruch des Kindes ist alles einzurechnen, was das Kind nach dem Erblasser durch eine vertragliche oder letztwillige Zuwendung erhält. Die Tochter hat somit aus dem Nachlaß für verbleibende Unterhaltsforderungen aufzukommen, soweit diese nicht aus einer öffentlich-rechtlichen (z. B. Waisenrente) oder privatrechtlichen Leistung (wie Lebensversicherung) bezahlt werden. Diese Verpflichtung endet mit der Selbsterhaltungsfähigkeit der Kinder.

Haben Erben auch Anspruch auf Schmerzensgeld?

Anspruch auf Schmerzensgeld besteht nur, wenn er zu Lebzeiten geltend gemacht wurde, Ausnahme bei Verkehrsunfällen.

Die Tochter eines Ehepaares wurde als Fußgängerin von einem Autofahrer schwerst verletzt. Bevor noch Schmerzensgeldansprüche geltend gemacht werden konnten – der Fahrer war zu einer unbedingten Freiheitsstrafe verurteilt worden –, starb die Tochter an den Folgen des Unfalls. Können die Eltern als Erben (die Tochter war unverheiratet) das Schmerzensgeld nachträglich noch fordern?

Ja. Nach dem Eisenbahn- und Kraftfahrzeughaftpflichtgesetz (EKHG) können die Ansprüche gegen den Halter und die Haftpflichtversicherung auch dann geltend gemacht werden, wenn das Schmerzensgeld nicht zu Lebzeiten der Tochter eingeklagt wurde. Die Eltern können daher als Erben die Ansprüche der Tochter nach deren Tod geltend machen.
Wären jedoch die Verletzungen nicht auf einen Verkehrsunfall zurückzuführen (sondern z. B. auf den Einsturz eines Bauwerkes, auf einen Schiunfall etc.), dann wäre das ABGB anzuwenden. Danach ist nach ständiger Rechtsprechung das Schmerzensgeld nur dann vererblich, wenn es vor dem Tod vom Verletzten schon gerichtlich geltend gemacht oder durch Vertrag oder Vergleich anerkannt wurde.

Ist Lohn bzw. Abfertigung auch nachlaßzugehörig?

Lohnansprüche fallen in den Nachlaß, Abfertigungsansprüche jedoch nicht.

Der Ehemann ist kinderlos und ohne Hinterlassung einer letztwilligen Verfügung (z. B. Testament) verstorben. Die Witwe möchte nun wissen, ob sie aus dem Dienstverhältnis des Mannes Ansprüche hat, und wenn ja, ob diese in den Nachlaß fallen.

Der laufende *Lohn* und die aliquoten Ansprüche auf Urlaubszuschuß und Weihnachtsgeld bis zum Todestag fallen in den Nachlaß. Das bedeutet, daß die Witwe als gesetzliche Erbin Anspruch auf zwei Drittel davon hat. Das dritte Drittel erhalten die Eltern (oder ein Elternteil) des Verstorbenen bzw. deren Nachkommen. Sollten aber weder Eltern noch Geschwister des Verstorbenen bzw. deren Nachkommen vorhanden sein, erbt die Witwe alles.
Die halben *Abfertigungsansprüche* (die andere Hälfte ist nach dem Gesetz bei Tod des Dienstnehmers nicht auszubezahlen) gebühren jedoch der Witwe allein, wenn sie zum Zeitpunkt des Todes des Gatten unterhaltsberechtigt war. Der Abfertigungsanspruch fällt, zum Unterschied vom Lohn, nicht in den Nachlaß.

Nichtverehelichung als Bedingung für Erbanspruch?

Grundsätzlich ist die Bedingung der Nichtverehelichung unwirksam. Ausnahme: Wenn Kinder da sind.

Ein Mann hat kurz vor seinem Tod seine Frau – die Ehe war kinderlos – zur Alleinerbin eingesetzt, allerdings unter der Bedingung, daß sie sich nicht wieder verehelicht und auch keine Lebensgemeinschaft eingeht. Sollte sie aber eine neue Bindung eingehen, habe sie das gesamte Vermögen einem Verein für Krebshilfe abzutreten. Ist diese Bedingung rechtswirksam?

Nein. Nach dem ABGB ist in einer letztwilligen Verfügung die Bedingung, daß sich die Witwe nicht wiederverehelichen dürfe, dann unwirksam, wenn keine Kinder vorhanden sind.
Wenn aber Kinder vorhanden wären, müßte die Witwe diese Bedingung beachten. Sollte sie diese aber nicht erfüllen, wäre der Erbe (also der Verein) berechtigt, die Herausgabe des gesamten Nachlasses (abzüglich des Pflichtteils, der der Witwe zusteht) zu begehren. Da aber keine Kinder da sind, bleibt die Witwe sowohl im Falle ihrer Wiederverehelichung als auch bei Eingehen einer Lebensgemeinschaft Alleinerbin des gesamten Nachlaßvermögens nach dem verstorbenen Gatten.

Warum Schenkungsvertrag auf den Todesfall?

Als Absicherung anzuraten, weil einseitige Aufhebung nicht möglich ist.

Eine Frau wurde von ihrem Onkel in einem Testament zur Alleinerbin eingesetzt. Da der Onkel aber weitere Verwandte hat und sehr beeinflußbar ist, möchte sie wissen, ob sie durch das Testament hinreichend abgesichert ist.

Dies wird man verneinen müssen, da ein Testament jederzeit und einseitig widerrufen werden kann. Die beste Absicherung für die Frau wäre die Errichtung eines Schenkungsvertrages auf den Todesfall. Dieser Vertrag ist als öffentliche Urkunde vor einem Notar zu errichten, hat einen Widerrufsverzicht zu enthalten und ist einseitig, das heißt durch eine Vertragspartei allein nicht aufzuheben.
Der Onkel als Geschenkgeber bleibt damit bis zu seinem Tod Eigentümer seines Vermögens, weil die Schenkung auf den Todesfall erst mit seinem Tod rechtswirksam wird; er kann aber über sein Vermögen einseitig nicht mehr anderweitig verfügen.
Als Absicherung ist jedenfalls einem Schenkungsvertrag auf den Todesfall der Vorrang vor einem Testament zu geben.

Ratsam: Überprüfung der Testamente und Urkunden

Achtung! Folgewirkungen durch erbrechtliche Gleichstellung der unehelichen mit den ehelichen Kindern.

Durch die erbrechtliche Gleichstellung der unehelichen Kinder mit den ehelichen auch nach dem Vater ergibt sich die dringende Notwendigkeit, alle Erbverzichtsverträge, Testamente und Erbverträge überprüfen zu lassen. Dadurch könnte noch zu Lebzeiten der Eltern verhindert werden, daß Situationen entstehen, die ehelichen oder unehelichen Kindern Ansprüche zukommen lassen, die von den Eltern eigentlich nicht gewollt waren.

Diese Überprüfungen werden wie alle ersten Rechtsauskünfte von den Notaren und Rechtsanwälten kostenlos durchgeführt. Sollten sich Änderungen als notwendig erweisen, sind die Notare (Erbverträge und Erbverzichtsverträge bedürfen zu ihrer Rechtswirksamkeit der Notariatsform) jedoch berechtigt, dafür Honorare zu verlangen.

Erbverzichte überprüfen lassen!

Erbverzichtsverträge, die vor dem 1. Jänner 1991 abgeschlossen wurden, sollten unbedingt überprüft werden.

Ein Beispiel dafür, welche Situation eintreten kann, wenn man einen vor dem 1. Jänner 1991 abgeschlossenen Erbverzichtsvertrag nicht überprüfen bzw. abändern läßt:
Ein Vater (Witwer) hat vier eheliche Kinder und ein uneheliches. Er übergibt sein Haus im Jahr 1990 an eines seiner vier ehelichen Kinder. Die drei anderen ehelichen Kinder haben aus diesem Anlaß vor dem Notar Erbverzichte abgegeben. Bald darauf (im März 1991) stirbt der Vater.

In diesem Fall würden die drei ehelichen Kinder bei der Berechnung der Pflichtteilsquote nicht mehr mitzählen, so daß die Pflichtteilsquote des unehelichen Kindes ein Viertel des Nachlaßwertes beträgt. Ohne Erbverzichte der weichenden ehelichen Kinder würde die Quote nur ein Zehntel betragen.
Mit Rücksicht auf das Erb- und Pflichtteilsrecht des unehelichen Kindes sollten daher die alten Erbverzichtsverträge überprüft werden, da es passieren könnte, daß dadurch dem unehelichen Kind – gegen den Willen der Eltern! – eine größere Quote zufällt.

7. Kapitel

Eigentum
Besitz
Miteigentum

Die Rechtsinstitute des Eigentums und des Besitzes unterlagen in den vergangenen Jahrzehnten kaum einer Änderung. Trotzdem ist die Kenntnis der eigentumsrechtlichen Normen für jedermann notwendig. Historisch gesehen kannte das Eigentumsrecht keine Beschränkung. Mit zunehmender Bevölkerungsdichte waren immer mehr Einschränkungen im Interesse der Allgemeinheit notwendig. Fast unverändert haben diese Normen seit mehr als 180 Jahren (!) Geltung.

Was versteht man unter Eigentum?

Eigentümer ist die Person, die über eine Sache oder ein Recht die rechtliche Verfügungsgewalt hat.

Häufig werden Eigentum und Besitz verwechselt. Daher will ich diese beiden Begriffe näher erläutern. Dies ist deshalb erforderlich, weil sie rechtlich gesehen eine grundlegend andere Bedeutung haben.
Zunächst möchte ich mich dem Begriff Eigentum zuwenden.
Nach dem Gesetz heißt alles, was jemandem gehört, somit alle seine körperlichen und unkörperlichen Sachen (z. B. ein Recht), Eigentum. Der Eigentümer kann seine Sache nach Willkür benützen oder unbenützt lassen, er kann sie vernichten, ganz oder zum Teil auf andere übertragen oder sie auch aufgeben. Das Eigentum ist also grundsätzlich ein unbeschränktes Recht.
Es ist aber auch möglich, daß jemand Eigentümer einer Sache ist (z. B. Vermieter), die Rechte aber ein »anderer«, nämlich der Besitzer (z. B. Mieter), hat.
Ein Beispiel: Der Eigentümer eines Hauses hat dieses vermietet. Aufgrund der Tatsache, daß der Eigentümer dem Mieter ein Nutzungsrecht eingeräumt hat, steht ihm an diesem Haus nur der faktische Besitz, dem Mieter jedoch der Rechtsbesitz zu. In diesem Fall ist der Hauseigentümer nicht mehr frei verfügungsberechtigt.

Was versteht man unter Besitz?

Besitzer ist der, der eine Sache »innehat« und sie behalten will.

Der Besitz ist vom Eigentum streng zu unterscheiden. § 309 ABGB definiert: »Wer eine Sache in seiner Macht oder Gewahrsame hat, heißt ihr Inhaber. Hat der Inhaber einer Sache den Willen, sie als die seinige zu behalten, so ist er ihr Besitzer.« Besitz setzt also den Willen voraus, den Gegenstand als eigenen »innezuhaben«, ohne daß es darauf ankäme, ob er dem Innehabenden rechtlich auch zusteht. Auch der Dieb ist also Besitzer – jedoch ein unredlicher.

Worin besteht nun der Unterschied zwischen Eigentum und Besitz?

Eigentümer ist die Person, die die *rechtliche* Verfügungsgewalt über eine Sache innehat. Besitz liegt hingegen dann vor, wenn diese Person *tatsächlich* über die Sache verfügen kann.

Es gibt verschiedene Arten von Besitz, z. B. den Sach- und Rechtsbesitz: Der Eigentümer, der sein Haus vermietet, hat den Sachbesitz, der Mieter den Rechtsbesitz. Er ist gegenüber jedermann, also auch gegen den Vermieter, geschützt.

Wie kann man seinen Besitz verteidigen?

Der Besitzer muß sich weder die Störung noch die Entziehung seines Besitzes gefallen lassen. Mit dem sogenannten Besitzstörungsverfahren kann sich der Besitzer gegen eine Störung seines ruhigen Besitzes durch einen Dritten, der aber auch der Eigentümer dieser Sache sein könnte, wehren.

Die Frist für eine Besitzstörungsklage ist nach 30 Tagen ab Kenntnis der Besitzstörungshandlung und der Person des Störenden abgelaufen.

Ein Beispiel: Ein Mieter klagt den Hauseigentümer, da dieser ihn in der Ausübung seines Besitzes stört. Der Kläger muß seinen Besitz und die Verletzung desselben beweisen. Für die Einbringung der Klage gilt eine 30tägige Frist ab Kenntnis der Störung und der Person des Störenden. Die Klage ist auf die Feststellung der Störungshandlung und die Wiederherstellung des vorhergehenden Zustandes und die Unterlassung künftiger Störungshandlungen gerichtet.

Achtung! Eine Besitzstörung ist schnell begangen und kann sehr teuer sein, da das Recht immer auf seiten des »Besitzers« ist. Das Abstellen des Pkws auf dem gekennzeichneten Privatparkplatz eines anderen stellt z. B. bereits eine Besitzstörung dar, auch dann, wenn man nicht wußte, daß man damit gegen das Gesetz verstößt.

Wie kann man sein Eigentum verteidigen?

Wenn alle friedlichen Versuche, sein Eigentum zu schützen, scheitern sollten, kann sich der Eigentümer der sogenannten Eigentumsklagen bedienen.

Der Eigentümer kann sein Recht durch Mittel schützen, die nur ihm zustehen, das sind die sogenannten Eigentumsklagen. Wird ihm z. B. sein Eigentum entzogen, so steht dem Eigentümer das Recht zu, seine Sache von jedem Dritten durch die Eigentumsklage zurückzufordern. Bevor man aber eine Eigentumsklage einbringt, sollte man alle friedlichen Mittel (z. B. Gespräche) ausschöpfen. Erst dann, wenn alle sonstigen Versuche scheitern, sollte sich der Eigentümer an das Gericht wenden.

Zum Schutz des Eigentums gegen Störungen, z. B. gegen die Anmaßung eines das Eigentum beschränkenden Rechtes, dient die sogenannte *Eigentumsfreiheitsklage.* Diese ist auf Feststellung des Nichtbestandes des angemaßten Rechtes und auf Unterlassung künftiger gleichartiger Eingriffe gerichtet, gegebenenfalls auch auf Schadenersatz.

Wie kann man Eigentum erwerben?

Nach österreichischem Recht sind zwei Voraussetzungen für den Eigentumserwerb nötig, und zwar ein rechtlicher Erwerbsgrund (»Titel«) und die rechtliche Erwerbungsart.

Zum Eigentumserwerb ist nicht nur ein gültiger Erwerbsgrund (z. B. Kaufvertrag), sondern auch die Übergabe der Sache erforderlich.

Als Grund für den Eigentumserwerb kommen insbesondere Schuldverträge (z. B. Kauf, Tausch, Schenkung etc.) und letztwillige Verfügungen (z. B. Erbfolge, Vermächtnis) in Betracht. Die rechtliche Erwerbungsart ist die Übergabe der Sache, die bei beweglichen Sachen körperlich, unter Umständen aber auch durch Zeichen oder Erklärung erfolgen kann; bei unbeweglichen Sachen durch Eintragung ins Grundbuch.

Ein Beispiel: Herr Meier kauft einen Fernsehapparat und bezahlt sofort in bar. Damit ist er noch nicht Eigentümer, da es zum Eigentumserwerb noch der Übergabe des Apparates bedarf. Solange der Apparat noch nicht übergeben wurde, kann der Verkäufer das Eigentum am Fernseher – allerdings rechtswidrig – an einen zweiten Käufer übertragen. Dasselbe gilt bei Liegenschaften: Herr Meier würde das Eigentum an einer Liegenschaft nicht bereits mit Abschluß des Kaufvertrages oder auch mit Zahlung des Kaufpreises erlangen, sondern erst mit der Eintragung ins Grundbuch.

Außerbücherlich, das heißt ohne Eintragung ins Grundbuch, welche nur deklarative Bedeutung hat, wird Eigentum nur in drei Fällen erworben: Einantwortung im Verlaßverfahren, Zuschlag im Versteigerungsverfahren und Ersitzung.

Wie erwirbt man Eigentum an unbeweglichen Sachen?

Der allgemeine Eigentumserwerb von Liegenschaften erfolgt durch Vertrag, Vermächtnis oder Urteil und durch Einverleibung ins Grundbuch.

Neben den besonderen Möglichkeiten, Eigentum zu erwerben, auf die ich noch zu sprechen komme, gibt es die üblichen Erwerbungsarten. Das sind der *Vertrag,* sei es schriftlich oder mündlich, eine *letztwillige Anordnung* und das *gerichtliche Urteil,* zu denen jeweils noch die *Übergabe* hinzukommen muß. Das soll hier am Beispiel der unbeweglichen Sachen verdeutlicht werden.

1. *Eigentumserwerb durch Vertrag:* Zur Übertragung des Eigentums an Liegenschaften muß eine beglaubigt unterfertigte Urkunde in der vorgeschriebenen Form oder eine öffentliche Urkunde (es bindet aber auch schon der mündlich geschlossene Vertrag, die Ausstellung der Urkunde ist ein Teil der Erfüllung des Vertrages) errichtet werden. Die Urkunde muß die genaue Angabe der Personen, die das Eigentum übergeben und übernehmen, enthalten. Eine Liegenschaft, die übergeben werden soll, muß die genaue Bezeichnung, den Rechtsgrund der Übergabe (z. B. Kauf- oder Schenkungsurkunde) sowie Ort und Datum des Vertragsabschlusses enthalten. Ferner muß der Übergeber in die Einverleibung einwilligen. Auch muß das Rechtsgeschäft im Grundbuch eingetragen werden (Einverleibung oder Intabulation).

2. *Eigentumserwerb durch Vermächtnis:* Um das Eigentum an einem vermachten unbeweglichen Gut zu erwerben, ist es notwendig, daß die Sache dem Vermächtnisnehmer übergeben und aufgrund einer Amtsurkunde des Gerichtes ins Grundbuch eingetragen wird.

3. *Eigentumserwerb durch Urteil:* Bei Übertragung des Eigentums an einer Liegenschaft durch rechtskräftiges Urteil, gerichtliche Teilung oder Erbschaft ist ebenfalls die Einverleibung oder die Hinterlegung der Urkunde erforderlich

Über das Sammeln von Beeren, Pilzen und Kräutern

Zu den natürlichen Früchten, die der Boden ohne besondere Bearbeitung hervorbringt, zählen Pilze, Kräuter, Beeren und wildwachsendes Waldobst. Solche natürlichen Früchte gehören dem Grundeigentümer. Das bedeutet, daß jeder, der diese Früchte auf fremdem Grund sammelt, sich zunächst einmal fremdes Eigentum aneignet. Sollte der Waldeigentümer das Sammeln dieser Früchte nicht erkennbar verbieten (z. B. durch eine Verbotstafel), ist seine Zustimmung durch stillschweigende Duldung anzunehmen.

Nach den Bestimmungen des Forstgesetzes dürfen in einem solchen Fall (wenn also weder ein Verbot noch eine besondere Bewilligung vorliegt) bis zu 2 Kilo Pilze pro Tag gesammelt werden, ansonsten begeht man eine Verwaltungsübertretung. Ein Waldeigentümer ist aber berechtigt, diese stillschweigende Zustimmung ganz zu widerrufen oder einzuschränken. So kann er z. B. die Tagesmenge von 2 Kilo reduzieren oder/und das Sammeln auf bestimmte Uhrzeiten beschränken.

Jeder, der an organisierten Beeren- oder Pilzsammelveranstaltungen teilnimmt oder solche durchführt, begeht eine Verwaltungsübertretung.

Eigentumserwerb durch Jagd

Die Jagd ist nur mit der jeweiligen Berechtigungskarte erlaubt.

Wilde Tiere, die regelmäßig im Zustand natürlicher Freiheit leben und die, wenn sie gefangen sind, ihre Freiheit wiederzuerlangen streben, können durch Jagd angeeignet werden.
Jagdbare Tiere, also wilde Tiere, die auf weidmännische Art gejagt werden, kann sich nur der Jagdberechtigte (mit Jagdkarte) aneignen. Das Jagdrecht ist ein aus dem Eigentum an Grund und Boden fließendes Privatrecht. Nur in Eigenjagdgebieten (das sind Gebiete mit bestimmter Mindestgröße) darf der Eigentümer die Jagd selbst ausüben. In Gemeindejagden darf der jeweilige Pächter die Jagd ausüben.
Die Landesgesetzgebung ist berechtigt, die Ausübung des Jagdrechtes auch hinsichtlich allfälliger Einschränkungen zu regeln. Durch Erlegen oder Fangen von Wild (durch den Jagdaufseher, den Jagdgast, das Mitglied der Jagdgesellschaft, den Wilderer) erwirbt immer der Jagdberechtigte (= Eigentümer oder Pächter) Eigentum.

Eigentumserwerb durch Fischfang

Fischfang ist nur mit der jeweiligen Berechtigungskarte erlaubt.

Auch Fische sind wilde Tiere, die regelmäßig in natürlicher Freiheit leben und die, wenn sie gefangen sind, ihre Freiheit wiederzuerlangen streben. Sie können durch Fischfang angeeignet werden. Fische in künstlichen Wasseranlagen, Gerinnen, Teichen und auch in geschlossenen Privatgewässern gehören grundsätzlich den Eigentümern der Anlagen, Fische in natürlichen Gewässern den Personen, die durch die Landesgesetzgebung bestimmt wurden (z. B. Grundeigentümer, Gemeinden oder Pächter). Die nur mit der Fischereikarte zulässige Ausübung des Fischereirechtes ist ähnlich dem Jagdrecht aus fischereiwirtschaftlichen Gründen beschränkt. Nur in Eigenrevieren mit bestimmter Größe steht dem Fischereiberechtigten selbst die Ausübung des Rechtes zu. Das Fischen kann auch anderen Fischereikartenbesitzern gestattet werden.

Eigentumserwerb an Bienenschwärmen

Wenn der Eigentümer seine Bienenschwärme nicht innerhalb von zwei Tagen verfolgt, gehören sie dem Grundeigentümer.

Vor einer Woche sind die Bienen meines Nachbarn ausgeschwärmt und haben sich auf einem Baum, der auf meinem Grund steht, niedergelassen. Ist damit das Eigentum an dem Bienenschwarm auf mich übergegangen, oder darf der Nachbar die Bienen jederzeit von meinem Grund zurückholen?

Nach § 384 ABGB sind häusliche Bienenschwärme und andere zahme oder zahmgemachte Tiere kein Gegenstand des freien Tierfanges, vielmehr hat der Eigentümer das Recht, sie auf fremdem Grund zu verfolgen. Doch soll er dem Grundbesitzer den ihm etwa verursachten Schaden ersetzen. Im Falle, daß der Eigentümer des Mutterstockes den Schwarm durch zwei Tage nicht verfolgt hat oder daß ein zahmgemachtes Tier durch 42 Tage von selbst ausgeblieben ist, kann sie auf öffentlichem Grund jedermann, auf dem eigenen der Grundeigentümer für sich nehmen und behalten.
Da in unserem Beispiel der Nachbar die gesetzliche Frist von zwei Tagen für das Zurückholen seiner ausgeschwärmten Bienen versäumt hat, hat der Grundeigentümer Eigentum an Nachbars Bienen erworben.

Eigentumserwerb durch Fund

Von Fund spricht man dann, wenn jemand eine verlorene Sache »in seine Gewahrsame« nimmt. »Verloren« ist eine Sache, die sich in niemandes »Innehabung« befindet und die ohne Einwilligung des früheren Inhabers aus dessen Gewalt gekommen ist. Das Gesetz hält in der lieb antiquiert wirkenden Sprache an dem Grundsatz fest, daß nicht anzunehmen ist, daß »jemand sein Eigentum so einfach wolle fahren lassen«. Daher darf kein Finder eine gefundene Sache für verlassen ansehen und sich aneignen.

Wer also eine Sache findet, muß sie dem früheren Besitzer, wenn dieser aus den Merkmalen der Sache oder aus anderen Umständen erkennbar ist, zurückgeben. Ist der vorige Besitzer nicht zu ermitteln, so muß der Finder, wenn der Wert der gefundenen Sache 100 Schilling übersteigt, den Fund innerhalb von acht Tagen auf die an jedem Ort gewöhnliche Art bekanntmachen lassen; wenn der Wert 400 Schilling übersteigt, muß er den Vorfall der zuständigen Behörde (Polizei, Gendarmerie, Gemeindeamt oder Fundamt) melden. Wenn der Wert des Fundes aber 4000 Schilling übersteigt, muß er von der Behörde dreimal durch die Zeitung bekanntgemacht werden. Meldet sich der Eigentümer nicht innerhalb eines Jahres ab Kundmachung, so erhält der Finder das Recht, die Sache oder den daraus erlösten Wert zu behalten.

Nach Ablauf eines Jahres ab Kundmachung erlangt der Finder das Eigentumsrecht, wenn sich der Besitzer der Sache bis dahin nicht gemeldet hat.

Wie hoch ist der Finderlohn?

Der Finderlohn beträgt 10 Prozent, wenn der Wert der Sache unter 20.000 Schilling liegt, 5 Prozent, wenn der Wert 20.000 Schilling übersteigt.

Nun wissen wir, daß der »Finder« Eigentum an der gefundenen Sache erwerben kann, wenn sich der Eigentümer nicht innerhalb eines Jahres meldet. Wie hoch ist aber sein Finderlohn, wenn er die Sache zurückgeben muß?

Seit 1. Juli 1989 beträgt der gesetzliche Finderlohn 10 Prozent des Wertes der gefundenen Sache, wenn dieser unter 20.000 Schilling liegt. Wenn die Sache mehr als 20.000 Schilling wert ist, beträgt der Finderlohn nur noch 5 Prozent.
Beim Fund wurden mit 1. Juli 1989 auch noch andere Grenzen verdoppelt. Sachen im Wert bis zu 100 Schilling (früher 50) kann man, wenn der Eigentümer nicht bekannt ist, behalten. Übersteigt aber der Wert der gefundenen Sache 100 Schilling (bisher 50) oder 400 Schilling (bisher 200), dann ist der Fund – wie wir bereits wissen – den Vorschriften entsprechend zu melden.

Grundstückserwerb durch Bauen auf fremdem Grund?

Durch Bauen auf fremdem Grund – mit Wissen des Grundeigentümers – erwirbt man Eigentum an der Baufläche.

Meine Freizeit verbringe ich meist mit meiner Familie auf einem Wiesengrundstück meines Freundes. Im Vorjahr haben wir – mit Zustimmung des Freundes – ein Haus als ständigen Wohnsitz darauf errichtet. Leider – nicht zuletzt der guten Freundschaft wegen – habe ich mich um die Klärung des Eigentums bezüglich des Grundstückes nicht gekümmert. Mein »Freund« behauptet nun, daß ihm nicht nur der Grund, sondern auch das Haus gehört. Wie ist hier die rechtliche Situation?

§ 418 ABGB gibt eine klare Antwort auf diese Frage. Dort heißt es u. a.: »Hat der Eigentümer des Grundstückes von der Bauführung gewußt (wie hier der Freund) und sie nicht sogleich dem redlichen Bauführer (hier also aufgrund der erteilten Bauberechtigung dem Fragesteller) untersagt, so kann er nur den ortsüblichen Preis für den Grund, der zur Bauführung und zur Benützung des Hauses unentbehrlich ist, fordern, verliert somit sein diesbezügliches Grundeigentum.« Der »Freund« ist daher verpflichtet, dem Bauführer den durch den Bau in Anspruch genommenen Grund um den ortsüblichen Preis zu verkaufen.

Kann fremdes Eigentum ersessen werden?

Eigentumsersitzung ist durch 30jährigen gutgläubigen und rechtmäßigen Besitz möglich.

Ein Mann hat im Jahr 1960 um sein Grundstück herum einen Zaun errichtet. Jetzt auf einmal behauptet die Nachbarin, der Zaun befinde sich etwa einen halben Meter auf ihrem Grund. Der Mann ist zwar überzeugt, daß diese Behauptung nicht stimmt, er möchte aber dennoch wissen, ob eine »Ersitzung« dieses Grundstückstreifens möglich ist.

Ja, das ist möglich. Durch 30jährigen, gutgläubigen und rechtmäßigen Besitz wird nämlich gemäß § 1477 ABGB Eigentum an Grundstücken (bzw. an Grundstücksteilen) ersessen. Wenn also die Grenzziehung schon seit mehr als 30 Jahren besteht und der Mann diesen halben Meter Grundstückstreifen bis zum Zaun seither wie sein Eigentum gutgläubig benützt hat, dann hat er es als Eigentum ersessen. Vermutlich gibt es auch Zeugen, die diese 30jährige gutgläubige Nutzung des Grundstückstreifens bestätigen können. Darum wird die Nachbarin, die die Unredlichkeit des Besitzes beweisen muß, in einem allfälligen Rechtsstreit kaum Aussicht auf Erfolg haben.
Sollten allerdings solche Liegenschaften im Grenzkataster eingetragen sein, so ist ein gutgläubiger Erwerb in Form der Ersitzung nicht möglich, wenn die Nutzung des Nachbargrundstücks dem Grenzkataster zuwiderläuft. Es ist daher ratsam, vor Einleitung eines gerichtlichen Verfahrens beim Vermessungsamt nachzufragen, ob die Liegenschaften im Grenzkataster eingetragen sind.
Ist der Nachbar der Staat, eine Kirche oder sonstige öffentliche Körperschaft, gilt die 40jährige Ersitzungszeit.

Wenn der Nachbar über meinen Grund geht

Mein Nachbar geht seit ca. zwei Jahren über mein Wiesengrundstück. Als Eigentümer habe ich ihm das Begehen der Wiese mündlich bis auf Widerruf gestattet.
Nun wurde dieses Grundstück von mir eingezäunt, um zu verhindern, daß Fremde es betreten. Damit habe ich den Widerruf dieser Erlaubnis zum Ausdruck gebracht. Der Nachbar, der dadurch einen anderen Weg zum Spazierengehen nehmen müßte, behauptet nun, daß ihm dieses Recht eingeräumt wurde, und steigt einfach über den Zaun. Was kann ich dagegen tun?

Eine Klage ist erst dann ratsam, wenn ein versöhnliches Gespräch oder ein eingeschriebener Brief erfolglos sein sollte.

Das Recht ist hier eindeutig auf seiten des Eigentümers. Dieser kann, wenn ein eingeschriebener Brief unter Hinweis auf die Rechtslage erfolglos sein sollte (neben der Besitzstörungsklage), die Eigentumsfreiheitsklage einbringen. Diese hat dann letztlich (so alles vor Gericht beweisbar ist) zur Folge, daß der Nachbar aufgefordert wird, künftig solche Eingriffe zu unterlassen und einen allfällig durch das Begehen entstandenen Schaden zu ersetzen.

Beschränkungen des Eigentums durch »Immissionen«

Einwirkungen vom Nachbargrund, die sich im Rahmen bewegen oder im öffentlichen Interesse liegen, muß der Eigentümer dulden.

Jedes Eigentum kann durch vertragliche oder öffentlich-rechtliche Bestimmungen eingeschränkt werden.
Öffentlich-rechtliche Beschränkungen sind z. B. Immissionen aus dem Eisenbahnbetrieb, Vorschriften des Denkmalschutzes u. dgl.
Für den Durchschnittsbürger am interessantesten sind jedoch die gesetzlichen Regelungen der nachbarrechtlichen Verhältnisse. Zu diesen zählen auch die sogenannten Immissionen.
Immissionen sind vom Nachbargrund ausgehende Einwirkungen durch Abwässer, Rauch, Gas, Wärme, Geruch, Geräusch u. dgl., die sich der Eigentümer eines Grundstückes oder jeder sonst Berechtigte (z. B. Pächter oder Mieter) nur dann gefallen lassen muß, wenn sie das nach den örtlichen Verhältnissen gewöhnliche Maß nicht überschreiten bzw. zumutbar sind und die ortsübliche Benutzung des Grundstückes nicht wesentlich beeinträchtigen.

Beschränkungen des Eigentums durch eine Betriebsanlage

Für unerträgliche Immissionen durch behördlich genehmigte Anlagen kann neben weiteren Auflagen nur Schadenersatz, nicht aber Unterlassung begehrt werden.

Eine Jungfamilie wohnt am Rand eines kleinen Ortes. Vor kurzem wurde auf dem Nachbargrund eine bereits stillgelegte Fabriksanlage mit behördlicher Genehmigung wieder in Betrieb genommen. Da das Wohnen dadurch sehr unangenehm geworden ist (Staub, Lärm etc.), möchte sie wissen, ob bzw. was sie gegen die Beeinträchtigungen unternehmen kann.

Nach § 364a ABGB ist der Grundeigentümer zur Duldung einer das ortsübliche Maß übersteigenden Immission verpflichtet, wenn ein behördlich genehmigter Gewerbebetrieb ohne derartige Immissionen nicht geführt werden kann und diese Immissionen von der Genehmigung erfaßt sind. Sollte jedoch daraus der Jungfamilie ein Schaden entstehen, kann diese gegenüber dem Eigentümer der Nachbarliegenschaft (ohne Rücksicht auf ein Verschulden!) Schadenersatz, wenn nötig auch gerichtlich, begehren. Sie kann aber nicht verlangen, daß die Fabrik stillgelegt wird, wohl aber die Gewerbebehörde darauf hinweisen, daß weitere Auflagen zu ihrem Schutz nötig sind. Sollten diese zusätzlichen Auflagen nicht durchgeführt werden (worauf kein Rechtsanspruch gegeben ist!), besteht noch die Möglichkeit, einen Ausgleich im Amtshaftungsweg infolge Verschuldens der Behörde zu erlangen.

Das Belastungs- und Veräußerungsverbot

Dieses Verbot verpflichtet nur den ersten Eigentümer und nicht seine Erben oder Rechtsnachfolger.

Eine Mutter hat ihrer Tochter Haus und Grund geschenkt und sich dafür ein Belastungs- und Veräußerungsverbot zu ihren Gunsten einräumen und auch grundbücherlich einverleiben lassen. Die Tochter möchte das Haus verkaufen und wissen, ob sie dazu berechtigt ist.

Ohne Zustimmung der Mutter darf die Tochter Haus und Grund weder verkaufen noch belasten. Ein Veräußerungsverbot hindert jede Übertragung, auch den Tausch. Das Belastungs- und Veräußerungsverbot umfaßt auch das Verbot der Schenkung unter Lebenden und auf den Todesfall. Miet- und Pachtverträge können hingegen rechtswirksam abgeschlossen werden.

Das Veräußerungs- oder Belastungsverbot ist ein höchstpersönliches Recht, das mit dem Tod der Berechtigten (also der Mutter) erlischt. Es geht aber auch nicht auf die Erben der Tochter bzw. deren Rechtsnachfolger über, weil es grundsätzlich nur den ersten Eigentümer (= Tochter) verpflichtet. Gegen Dritte wirkt es dann, wenn es zwischen Ehegatten, Wahl- oder Pflegekindern und deren Ehegatten begründet und im Grundbuch eingetragen wurde.

Ein vertraglich zwischen anderen Personen (als der obengenannten Personengruppe) vereinbartes Belastungs- und Veräußerungsverbot kann ohne Zustimmung des Berechtigten den Verkauf bzw. die Belastung der Liegenschaft zwar nicht verhindern, macht jedoch den Vertragsbrüchigen schadenersatzpflichtig.

Mit dem Rad durch den Wald

Ein junges Ehepaar ist fast nur mehr mit dem Rad unterwegs. Nur zu den Wochenenden wird das Auto benützt, um dann – mit den beiden Rädern darauf – außerhalb der Stadt im nächstgelegenen Wald radfahren zu können. Das Ehepaar, das die Stille des Waldes liebt, wurde letzten Sonntag vom Waldeigentümer aufgefordert, künftig diese Radtouren zu unterlassen. Das Ehepaar, nunmehr verunsichert, möchte gerne wissen, wie hier die Rechtslage ist.

Das Fahren mit Rädern durch den Wald ist nur mit Zustimmung des Waldeigentümers erlaubt.

Eine Benützung des Waldes, die über das Betretungsrecht für Erholungszwecke hinausgeht, wie das Befahren mit Rädern (z. B. Mountainbikes), das Reiten, das Zelten oder Lagern über den Tag hinaus, muß ausdrücklich durch den Waldeigentümer vorher bewilligt werden. Das gilt auch für das Starten und Landen mit Hänge- und Paragleitern. Der Waldeigentümer kann neben der bereits erläuterten Möglichkeit der Eigentumsklage oder Unterlassungsklage versuchen, durch eine Verbotstafel – die ein ständiges oder zeitlich beschränktes Verbot ausspricht – zu seinem Recht zu kommen.

Miteigentum: Seine Bedeutung für den einzelnen

Miteigentum ist das Eigentum mehrerer an ideellen Teilen. Hier ist nicht die Sache, sondern das Recht geteilt. Daher kann grundsätzlich jeder nur über seinen ideellen Anteil frei verfügen.

Neben dem Alleineigentum, über das eine Person allein verfügen kann, gibt es noch das Miteigentum. Von Miteigentum spricht man dann, wenn eine noch ungeteilte Sache mehreren Personen zugleich gehört.

Für dieses gemeinschaftliche Eigentum, das durch Zufall, Gesetz, Vertrag oder letzte Willenserklärung begründet wird, sind die Miteigentümer als *eine* Person anzusehen. § 828 ABGB sagt nämlich: »Solange alle Teilhaber einverstanden sind, stellen sie nur eine Person vor und haben das Recht, mit der gemeinschaftlichen Sache nach Belieben zu schalten. Sobald sie uneinig sind, kann kein Teilhaber in der gemeinschaftlichen Sache eine Veränderung vornehmen, wodurch über den Anteil des anderen verfügt würde.«

Es kann also jeder Miteigentümer über seinen Miteigentumsanteil vollkommen frei verfügen, ihn also verpfänden (Aufnahme einer Hypothek), verkaufen, vererben oder sonst vermachen, soweit er dadurch nicht in die Rechte des (der) anderen Teilhaber(s) eingreift, wie z. B. bei vertraglichen Einschränkungen der Benützung.

Miteigentum: Notwendige Reparaturen am gemeinsamen Haus

Nach dem Tod des Vaters gehört das Haus zu drei Vierteln der Mutter und zu je einem Achtel den beiden Söhnen. Da eine dringende Dachreparatur vorgenommen werden müßte, die beiden Söhne aber dagegen sind, möchte die Mutter wissen, ob sie das Recht hat, diese Reparatur zu veranlassen.

Eine Dachreparatur ist eine Maßnahme der ordentlichen Verwaltung und kann von der Mehrheit der Miteigentümer (gerechnet nach den Anteilen der Teilnehmer) veranlaßt werden.

Eine notwendige Dachreparatur ist nach dem Gesetz eindeutig eine Maßnahme der sogenannten ordentlichen Verwaltung. Diese kann von der Mehrheit ohne vorherige Befragung der Minderheit getroffen werden. Die Mehrheit wird nicht nach Köpfen, sondern nach dem Verhältnis der Anteile der Teilnehmer gezählt. Daraus folgt, daß die Mutter, die mehr als 50 Prozent der Anteile des Hauses innehat, als Mehrheitseigentümerin, ohne ihre Söhne befragen zu müssen, die Dachreparatur vornehmen lassen und in der Folge von jedem Sohn ein Achtel der hiefür notwendigen und angemessenen Kosten verlangen kann.

Miteigentum: Wer muß die Asphaltierung eines Weges bezahlen?

Über das Asphaltieren eines Weges entscheidet die Mehrheit, die Minderheit kann dies aber in gewissen Fällen über den Außerstreitrichter verhindern.

Von sieben Wegeigentümern (jeder zu einem Siebentel) wollen vier den Weg asphaltieren lassen, drei aber nicht. Die vier möchten nun wissen, wie hier die Rechtslage ist.

Bei einer Miteigentumsgemeinschaft hängen die Mitbestimmungserfordernisse für die Durchführung einer Verwaltungsmaßnahme davon ab, ob es sich um eine Maßnahme der ordentlichen oder der außerordentlichen Verwaltung handelt. Bei Maßnahmen der ordentlichen Verwaltung entscheidet grundsätzlich die Mehrheit nach dem Verhältnis der Anteile, ohne daß sich die Minderheit dagegen zur Wehr setzen könnte. Bei Maßnahmen der außerordentlichen Verwaltung entscheidet auch die Mehrheit, die Minderheit hat jedoch die Möglichkeit, den Außerstreitrichter anzurufen. Dieser hat dann zu entscheiden, ob die Maßnahme unbedingt oder nur gegen Sicherstellung stattfinden soll oder überhaupt nicht. Findet er die Maßnahme berechtigt, so haben alle Miteigentümer die Kosten anteilsmäßig zu tragen.
Das Asphaltieren eines Weges zählt nach herrschender Meinung zu einer Maßnahme der außerordentlichen Verwaltung, somit kann die Minderheit die oben beschriebenen Rechte in Anspruch nehmen.

Miteigentum: Wer entscheidet über Vermietung?

Meine beiden Schwestern und ich haben zu je einem Drittel ein großes Grundstück mit einem Haus geerbt. Ich möchte das Grundstück keinesfalls verkaufen, hätte aber gerne, daß es vernünftig genutzt wird, eventuell durch eine Vermietung. Die eine Schwester wäre damit einverstanden, die andere möchte das Haus lieber leer stehen lassen. Wie ist hier die Rechtslage?

Die Vermietung (oder Verpachtung) kann grundsätzlich von der Mehrheit der Stimmen, gezählt nach dem Verhältnis der Anteile der Teilnehmer, beschlossen werden.

Gemäß § 833 ABGB kommen der Besitz und die Verwaltung einer gemeinschaftlichen Sache allen Teilhabern insgesamt zu. In Angelegenheiten, die nur die ordentliche Verwaltung und Benützung betreffen, entscheidet die Mehrheit der Stimmen, die nicht nach den Personen, sondern nach dem Verhältnis der Anteile der Teilnehmer gezählt werden.
Da *übliche* Vermietungen (also zu normalen Bedingungen) eine Maßnahme der ordentlichen Verwaltung darstellen, können der Fragesteller und seine Schwester, ohne die andere Schwester vorher befragen zu müssen, das Haus vermieten, müssen allerdings ein Drittel des Mietzinserlöses der zweiten Schwester bezahlen. Die gleiche Rechtslage gilt auch bei einer Verpachtung zu ortsüblichen Bedingungen.

Miteigentum: Wer muß die Versicherung und die Steuer bezahlen?

Nach außen hin kann von einem Miteigentümer der gesamte Betrag gefordert werden. Im Innenverhältnis haftet jeder zu einem Fünftel.

Wir sind fünf Geschwister, und jedem von uns gehört ein Fünftel eines Hauses. Wenn die jährlichen Vorschreibungen wie Grundsteuer, Kanalgebühr, Prämie für die Bündelversicherung u. dgl. kommen, habe ich immer Schwierigkeiten, von den anderen einen Beitrag dazu zu erhalten. Wäre es nicht gerechter, jedem von uns direkt ein Fünftel dieser Kosten vorzuschreiben?

Diese Vorschreibungen sind nicht an die Person oder hier an Personen gebunden, sondern an die Liegenschaft. Daher besteht weder für die Finanz die Verpflichtung, die Grundsteuer getrennt allen Miteigentümern vorzuschreiben, noch ist die Versicherung verhalten, die Prämie in Teilbeträgen vorzuschreiben. Es handelt sich hier um eine sogenannte *Solidarhaftung*. Das heißt, die Finanz und die Versicherung können sich an einen der fünf Miteigentümer wenden und von diesem den gesamten Betrag fordern. Es haftet somit im Außenverhältnis jeder der Miteigentümer für die gesamte Schuld, er kann sich aber im Innenverhältnis bei den »übrigen« schadlos halten und von jedem ein Fünftel der angefallenen Kosten fordern.

Hausverkauf: Muß der Miteigentümer zustimmen?

Eine Liegenschaft hat laut Grundbuch zwei Eigentümer, jedem gehört die Hälfte. Ist nun ein Miteigentümer berechtigt, ohne Wissen bzw. Zustimmung des anderen seine Hälfte an eine dritte Person rechtsgültig (z. B. aufgrund eines Kaufvertrages, der von einem Anwalt oder Notar errichtet wurde) zu verkaufen?

Ein Hälfteeigentümer kann ohne Zustimmung des anderen über seine Hälfte frei verfügen, wenn auf dieser nicht ein Belastungs- und Veräußerungsverbot zugunsten des anderen eingetragen ist.

Antwort auf diese Frage gibt klar und deutlich § 829 ABGB. Dort ist nämlich festgehalten, daß im Falle des Miteigentums jeder Teilhaber vollständiger Eigentümer seines Anteiles ist und grundsätzlich diesen »willkürlich und unabhängig« verpfänden, vermachen oder sonstwie veräußern kann.
Es kann also der ideelle Hälfteeigentümer einer Liegenschaft ohne Wissen und ohne Zustimmung des anderen seinen Anteil rechtsgültig an eine dritte Person verkaufen. Voraussetzung ist allerdings, daß auf seiner Liegenschaftshälfte nicht ein Belastungs- und Veräußerungsverbot zugunsten des anderen Hälfteeigentümers oder einer dritten Person besteht.

Wie kann ein Miteigentümer ausscheiden?

Die Teilungsklage, die zur Aufhebung der Miteigentumsgemeinschaft führt, kann jeder Miteigentümer einbringen.

Ein Haus gehört zu je einem Drittel drei Schwestern. Zwei verstehen sich sehr gut, die dritte ist, seit sie einen Freund hat, äußerst schwierig geworden. Es ist zu befürchten, daß der Freund das Haus für sich haben möchte. Die beiden Schwestern wollen wissen, wie sie die dritte Schwester als Miteigentümerin »loswerden« können.

Mit einer Teilungsklage kann jeder Miteigentümer die Aufhebung der Miteigentumsgemeinschaft anstreben. Wenn eine Teilung der Liegenschaft in Natur samt Haus technisch nicht möglich oder wirtschaftlich vertretbar ist, hat die sogenannte Zivilteilung Platz zu greifen. Unter einer Zivilteilung versteht man die Versteigerung der Liegenschaft bei Aufteilung des Versteigerungserlöses entsprechend den jeweiligen Miteigentumsanteilen. Bei dieser Versteigerung steht es jedem, also auch dem Freund der Schwester, frei, mitzubieten und auf diesem Weg die Gesamtliegenschaft zu erwerben. Dem Teilungsanspruch könnten nur die Einwände der sogenannten Unzeit und des Nachteils der übrigen entgegengesetzt werden, wobei es sich hiebei jedoch um solche Umstände handeln muß, die in absehbarer Zeit wegfallen.
Grundsätzlich besteht in unserem Falle für die teilungswilligen Schwestern die Möglichkeit, durch die Teilungsklage den Anteil der dritten Schwester im Versteigerungsverfahren zu erwerben.

Realteilung: Wann ist sie möglich?

Eine Realteilung ist dann möglich, wenn eine Liegenschaft in Entsprechung der Miteigentumsanteile in Natur geteilt werden kann.

Von einem unbebauten Grundstück gehören fünf Achtel dem Vater und je ein Achtel den drei Söhnen. Ein Sohn – mit dem Vater im besten Einvernehmen – möchte bauen und daher seinen beiden Brüdern deren zwei Achtel Grund abkaufen. Der Vater ist bereit, ihm seine fünf Achtel zu geben, die beiden Brüder wollen ihre Anteile aber nicht verkaufen. Der eine Sohn möchte nun wissen, welche Möglichkeiten er hat, das Haus ohne Inanspruchnahme der zwei Achtel Miteigentumsanteile seiner Brüder zu bauen.

Bei einem unbebauten Grundstück besteht die Möglichkeit einer sogenannten Realteilung. Darunter versteht man eine Teilung in Natur; sie kann durch einen Vertrag oder das Gericht erfolgen. Da die beiden Brüder nicht bereit sind, sich gütlich zu einigen, kann der bauwillige Sohn als Miteigentümer eine Klage auf Realteilung der Liegenschaft einbringen. Diese führt dazu, daß eine Naturalteilung des Grundstücks entsprechend den Miteigentumsverhältnissen erfolgt. Damit kann der eine Sohn eine Grundstücksfläche, die unter Miteinbeziehung der Anteile seines Vaters sechs Achteln der Gesamtliegenschaft entspricht, erwerben und darauf den von ihm geplanten Bau durchführen.
Eine Realteilung ist jedoch ausgeschlossen, wenn die Teilung zu wesentlichen Wertverminderungen führt, wie beispielsweise, wenn ein Baugrund nicht in zwei Baugründe geteilt werden kann, weil diese dadurch zu klein wären.

Ist zur Eigentumsübertragung eine Urkunde erforderlich?

Zur Übertragung von Eigentum, verbunden mit der Einverleibung ins Grundbuch, ist die Errichtung einer Urkunde erforderlich. Bei Ehegatten ist grundsätzlich ein Notariatsakt erforderlich.

Häufig ist ein Ehepartner grundbücherlicher Alleineigentümer eines Hauses oder einer Eigentumswohnung. Der andere Ehepartner (meist die Gattin), der entweder »nur« den Haushalt führt oder daneben berufstätig ist, leistet oft auch Zahlungen für das Haus oder die Wohnung, ohne irgendeine Absicherung dafür zu haben. Daher entschließt sich häufig der Ehepartner, der Alleineigentümer ist – meist wenn er schon älter ist –, dem anderen eine Hälfte zu übertragen. Daraus resultiert sehr oft die Frage, ob dazu ein Vertrag errichtet werden muß.

Die Antwort ist ein klares Ja. Zur Übertragung von Eigentum an unbeweglichen Sachen, wie an einem Haus oder einer Eigentumswohnung, ist die Errichtung einer Urkunde erforderlich. Diese kann in unserem Fall z. B. ein Schenkungsvertrag sein. Bei einer Schenkung bedarf diese Urkunde zu ihrer Rechtswirksamkeit eines Notariatsaktes oder der Beurkundung durch gerichtliches Protokoll, jedoch nur dann, wenn die Hälfte der Liegenschaft oder Wohnung nicht bereits *vor* Errichtung des Schenkungsvertrages tatsächlich übergeben wurde. Mit dieser Urkunde ist erst die grundbücherliche Einverleibung des Hälfteeigentümers möglich.

Aufsandungsurkunde: Voraussetzung für Eintragung ins Grundbuch

Mit dieser Urkunde erfolgt die Einwilligung des derzeitigen Eigentümers zur Übertragung von Eigentumsrechten an den Käufer.

Wir haben soeben gelesen, daß zur Übertragung von Liegenschaften in der Regel die Errichtung einer Urkunde erforderlich ist. Wozu dient dann eigentlich die sogenannte Aufsandungsurkunde?

Eine Aufsandungsurkunde ist eine den grundbuchsgesetzlichen Vorschriften entsprechende beglaubigt unterfertigte Urkunde. Sie ist jene Urkunde, mittels welcher der derzeitige grundbücherliche Eigentümer die Einwilligung zur Einverleibung des Eigentumsrechtes für den neuen, also zukünftigen Eigentümer (oder Hälfte- bzw. Miteigentümer) erteilt. Diese Einwilligungserklärung erfolgt z. B. in einem Kaufvertrag, kann aber auch in einer eigenen Urkunde, eben in der sogenannten Aufsandungsurkunde, erfolgen. Die Aufsandungserklärung hat inhaltlich in etwa so zu lauten:

Der Verkäufer (Name, Geburtsdatum) erteilt seine ausdrückliche Einwilligung, daß das Eigentumsrecht an der Liegenschaft (oder dem Liegenschaftsanteil) für den Käufer (Name, Geburtsdatum) einverleibt werden kann.
Beide Unterschriften (beglaubigt durch das Gericht oder den Notar!) samt Geburtsdatum.

Wie kann man sich bei einem Zubau absichern?

Eine Absicherung kann durch Übertragung, Leibrente oder Schuldurkunde erfolgen.

Das Haus, in dem der Sohn mit seiner Familie wohnt, gehört je zur Hälfte Vater und Mutter. Der Sohn, der noch drei Schwestern hat, möchte aufstocken. Die Eltern haben ihm testamentarisch das Haus vermacht. Dennoch möchte der Sohn, bevor er investiert, klare Verhältnisse haben und wissen, welche rechtlichen Möglichkeiten er hat, um sich abzusichern.

Ein Testament bietet keine ausreichende Sicherheit, da dieses einseitig jederzeit widerrufbar ist. Am sichersten wäre es, wenn die Eltern dem Sohn das Haus übertragen (verkaufen, verschenken etc.) und sich ein lebenslanges Wohnrecht in entsprechenden Räumlichkeiten des Hauses einräumen lassen.
Eine weitere Möglichkeit wäre die Errichtung eines Leibrentenvertrages, mit dem sich der Sohn gegen Übertragung des Eigentumsrechtes verpflichtet, seinen Eltern eine lebenslängliche monatliche Leibrente zu bezahlen, die zweckmäßigerweise im Grundbuch als Reallast einzutragen wäre.
Schließlich käme auch noch die Errichtung einer Schuldurkunde zwischen dem Sohn und den Eltern im Umfang seines zu tätigenden Aufwandes und deren pfandrechtliche Sicherstellung auf der Liegenschaft in Betracht.

Eigentumsübertragung, ohne im Grundbuch zu sein?

Eigentumsübertragung, ohne selbst im Grundbuch zu sein, ist möglich.

Eine Frau hat in einer Stadt ein Haus gekauft. Nach Besichtigung des Hauses hat man sich über den Kaufpreis geeinigt, der Kaufvertrag sollte demnächst errichtet werden. Am Tag darauf hat die Frau den Kaufpreis bezahlt. Erst zwei Wochen später erfuhr sie, daß sie aus beruflichen Gründen (sie ist Mittelschulprofessorin) in Zukunft anderswo unterrichten wird. Nun möchte sie wissen, ob sie das Haus gleich wieder verkaufen kann, obwohl sie nicht im Grundbuch ist, ja nicht einmal ein schriftlicher Kaufvertrag errichtet wurde.

Ja, sie kann verkaufen, denn auch der eine Liegenschaft betreffende Kaufvertrag ist grundsätzlich formfrei und kommt bereits mit der Willensübereinstimmung über Kaufpreis und Kaufgegenstand zustande. Zur Verbücherung der Eigentumsrechte ist jedoch die Errichtung einer schriftlichen Urkunde erforderlich.
Die Frau hat einen obligatorischen Anspruch auf Übertragung der Eigentumsrechte. Sie kann daher grundsätzlich frei verkaufen, es ist jedoch zur grundbücherlichen Eintragung des Eigentumsrechtes des neuerlichen Käufers die Errichtung des ursprünglichen und des weiteren Kaufvertrages erforderlich. Auf jeden Fall wäre es ratsam, mit Abschluß des ursprünglichen Kaufvertrages gleichzeitig eine Ranganmerkung der beabsichtigten Veräußerung im Grundbuch eintragen zu lassen, wodurch die Gefahr eines weiteren Verkaufes an einen Gutgläubigen verhindert wird.

Kann das Recht auf Eigentum erlöschen?

Eigentum erlischt durch den Willen des Eigentümers, durch das Gesetz oder durch richterlichen Ausspruch.

Wie man Eigentum erwerben kann, ist uns jetzt bekannt. Unklar ist aber, ob bzw. wie das Recht auf Eigentum verlorengehen kann.

Die Antwort darauf gibt § 444 ABGB. Danach kann Eigentum durch den *Willen* des Eigentümers, durch das *Gesetz* und durch *richterlichen Ausspruch* verlorengehen. Das Eigentum an unbeweglichen Sachen wird aber nur durch die Löschung aus dem Grundbuch aufgehoben.
Der Eigentumsverlust durch den Willen des Eigentümers tritt durch Übergabe der Sache oder deren Preisgabe ein. Durch Gesetz z. B. infolge gutgläubigen Erwerbes durch einen Dritten (wenn z. B. der »Dritte« das Grundstück über 30 Jahre hindurch gutgläubig wie sein Eigentum benützt hat). Durch Richterspruch kann Eigentum durch Zuschlag im Zwangsversteigerungsverfahren oder Teilung des gemeinschaftlichen Eigentums verlorengehen.

8. Kapitel **Servitutsrecht**

Gerade im ländlichen Bereich kommt es häufig wegen Servitutsrechten (= Dienstbarkeiten) zu Streitigkeiten.
Aber auch im städtischen Raum kommt es im Hinblick auf Zufahrtsrechte zu Problemen.
Das Rechtsinstitut der Dienstbarkeiten gibt es jedoch in den verschiedensten Varianten.
Die Kenntnis dieser Möglichkeiten kann bei Vertragsabschlüssen sehr hilfreich sein.

Das Recht der Dienstbarkeit, auch Servitutsrecht genannt

Durch das Recht der Dienstbarkeit wird ein Eigentümer (= der Verpflichtete) verhalten, zum Vorteil eines anderen (= des Berechtigten) etwas zu dulden oder zu unterlassen.

Der Eigentümer der dienstbaren Sache ist also in der Regel nicht verhalten, etwas zu tun, sondern nur einem anderen die Ausübung eines Rechtes zu gestatten oder das zu unterlassen, was er als Eigentümer zu tun berechtigt wäre.

Es gibt *Grunddienstbarkeiten*, wie z. B. die Haus- und Feldservituten.

Und es gibt *persönliche Dienstbarkeiten*, wie z. B. das Wohnungs- und das Fruchtgenußrecht.

Durch die Dienstbarkeit wird ein Grundstückseigentümer verpflichtet, zum Vorteil eines anderen etwas zu dulden oder zu unterlassen.

Was versteht man unter Grunddienstbarkeiten?

Eine Grunddienstbarkeit ist immer an das jeweilige Grundstück gebunden. Ein Eigentümerwechsel hat auf den Bestand der Dienstbarkeit keinen Einfluß.

Wird das Recht der Dienstbarkeit mit dem Besitz eines Grundstückes zu dessen vorteilhafteren oder bequemeren Benützung verknüpft, so entsteht eine Grunddienstbarkeit.

Grunddienstbarkeiten beschränken das Eigentum am dienenden Gut und erweitern oder fördern es am herrschenden Gut. Grunddienstbarkeiten setzen einen Vertrag zwischen den Eigentümern der beiden vorgenannten Liegenschaften voraus, es sei denn, es wird die Grunddienstbarkeit ersessen (= 30 Jahre, bei öffentlichem Gut 40 Jahre). Die Grunddienstbarkeit ist somit immer an das jeweilige Grundstück gebunden, so daß ein Wechsel des Eigentümers auf den Bestand der Dienstbarkeit keinen Einfluß hat.

Das herrschende Grundstück ist entweder zur Landwirtschaft oder zu einem anderen Gebrauch bestimmt; daher unterscheidet man auch die Feld- und Hausservituten.

Die bekanntesten *Feldservituten* sind:

1. Das Recht, einen Fußsteig, Viehtrieb oder Fahrweg auf fremdem Grund zu halten; 2. Wasser zu schöpfen, das Vieh zu tränken, das Wasser ab- und herzuleiten; 3. das Vieh zu hüten und zu weiden; 4. Holz zu fällen, verdorrte Äste und Reisig zu sammeln u. dgl.

Zu den *Hausservituten* zählen u. a.:

1. Das Recht, einen Balken oder Sparren in eine fremde Wand einzufügen; 2. ein Fenster in der fremden Wand zu öffnen, sei es des Lichtes oder der Aussicht wegen (Fensterrecht); 3. ein Dach oder einen Erker über dem Luftraum des Nach-

barn zu bauen; 4. die Dachtraufe auf fremden Grund zu leiten; 5. Flüssigkeiten auf den Grund des Nachbarn zu gießen.

Durch diese und ähnliche Hausservituten wird ein Hauseigentümer berechtigt, etwas auf dem Grund seines Nachbarn vorzunehmen, was dieser dulden muß.
Durch andere Hausservituten wird der Eigentümer des dienenden Grundes verpflichtet, etwas zu unterlassen, was er sonst tun könnte (z. B. dem anderen die Aussicht nehmen oder sein Haus erhöhen u. dgl.).

Wie kann man ein Servitutsrecht erwerben?

Erwerb einer Servitut durch Vertrag (schriftlich oder mündlich), letzten Willen, Urteil oder Ersitzung.

Meine Frau und ich beabsichtigen, demnächst auf unserem Grund zu bauen, möchten aber vorher Klarheit über die Zufahrt haben. Der Nachbar, über dessen Grund wir zufahren müssen, wurde Alleinerbe nach dem Tod seines Vaters und ist somit auch Eigentümer des Nachbargrundes geworden. Er behauptet, daß wir zum Zufahren kein Recht hätten. Beim Kauf des Grundstückes als Baugrund wurde uns aber schriftlich vom Verkäufer (das war der Vater des Nachbarn) das immerwährende und uneingeschränkte Recht des Begehens und Befahrens über dessen Grund eingeräumt. Leider wurde dieses Recht aber nicht grundbücherlich einverleibt. Haben wir nun ein Servitutsrecht bzw. wie können wir dieses erwerben?

Das Recht an einer Servitut kann *vertraglich* (und zwar schriftlich oder mündlich), aufgrund einer *letzten Willenserklärung*, aufgrund eines bei der Teilung gemeinschaftlicher Grundstücke erfolgten *Urteils* oder durch *30jährigen Gebrauch* (= Ersitzung) begründet werden.
Da in unserem Fall das Servitutsrecht beim Kauf schriftlich eingeräumt wurde, kann der Sohn des Verkäufers als dessen Alleinerbe dieses Recht auch nicht streitig machen, selbst wenn es im Grundbuch nicht eingetragen ist. Das Ehepaar in unserem Beispiel kann daher bedenkenlos auf seinem Grund bauen, es sollte jedoch zu seiner Absicherung für die Zukunft die Einverleibung der Servitut begehren.

Kann man eine Servitut durch Ersitzung erwerben?

Ersitzung einer Servitut ist nach 30jähriger gutgläubiger Rechts-ausübung möglich.

Mein Mann und ich kauften vor mehr als 30 Jahren eine Landwirtschaft. Seit Jahren gibt es mit dem Nachbarn Streit wegen eines über unser Grundstück führenden Gehweges. Das Nachbarhaus liegt einige Meter vom Gemeindeweg entfernt; nur wegen einer kleinen Abkürzung geht und fährt der Nachbar über unser Grundstück, obwohl er seinen eigenen Zufahrtsweg benützen könnte. Als wir die Landwirtschaft kauften, fragte er uns, ob er da gehen und fahren könne. Da wir nicht unhöflich sein wollten, haben wir ihm dies mündlich gestattet. Da es immer wieder zu Streitigkeiten kommt, möchten wir wissen, wer hier im Recht ist.

Servituten auf fremdem Grund können durch 30jährigen gutgläubigen Rechtsbesitz, d. h. durch 30jährige gutgläubige Ausübung des Rechtes, ersessen werden. Seit dem Kauf der Landwirtschaft vor über 30 Jahren ist demnach die Ersitzungszeit zugunsten des Nachbarn abgelaufen, weshalb dieser sein Gehrecht ersessen hat.
Unabhängig davon wurde mit der gegenüber dem Nachbarn gegebenen Erklärung, er dürfe über das Grundstück gehen, diesem auch vertraglich (mündlich genügt!) ein Servitutsrecht eingeräumt.

Wer ist verpflichtet, die Servitut zu erhalten?

Anteilsmäßige Beitragspflicht zur Erhaltung einer Servitut (z. B. Weg) durch alle berechtigten Benützer.

Der Weg, der über den Nachbargrund zu unserem Haus führt, ist in einem derart desolaten Zustand, daß er unbedingt hergerichtet werden muß. Außer von mir wird der Weg noch von zwei weiteren Servitutsberechtigten und dem Wegeigentümer benützt. Wer muß nun für die Kosten, die zur Sanierung des Weges erforderlich sind, aufkommen?

Nach dem Gesetz muß auch der Aufwand zur Herstellung und Erhaltung der Sache, die zur Dienstbarkeit (Servitut) bestimmt ist, in der Regel von dem (den) Berechtigten getragen werden. Wenn aber diese Sache auch von dem Verpflichteten benützt wird, muß dieser verhältnismäßig zu dem Aufwand beitragen.
Mehrere Servitutsberechtigte haben somit die Kosten der erforderlichen Herstellung bzw. Erhaltung des Weges anteilig zu tragen. Wenn der Wegeigentümer den Weg mitbenützt, ist auch er verpflichtet, zu seiner Herstellung oder Erhaltung verhältnismäßig beizutragen. Das bedeutet für unser Beispiel, daß neben dem Fragesteller auch die zwei weiteren Servitutsberechtigten und der Eigentümer anteilig (d. h. im Umfang der Nutzung) zu den Kosten beizutragen haben.

Wie darf ein Servitutsrecht ausgeübt werden?

Der Servitutsberechtigte darf sein Recht grundsätzlich auf die ihm gefällige Art ausüben. Ausmaß und Umfang der Dienstbarkeit richten sich nach der Art und dem Zweck der Bestellung der Dienstbarkeit, Servituten dürfen jedoch nicht erweitert, sie müssen vielmehr, soweit es möglich ist, eingeschränkt werden.

Der Dienstbarkeitsberechtigte hat die Pflicht zur schonenden Ausübung. Er darf sein Recht auch nicht erweitern.

Dieser Widerspruch – einerseits beliebige Ausübung und andererseits Einschränkung nach Möglichkeit – wird im Einzelfall durch eine Interessenabwägung gelöst.
Ein Beispiel: Ein Landwirt fuhr immer mit einem Pferdefuhrwerk auf dem Servitutsweg. Ist die Umstellung auf einen Traktor zulässig?
Nach der Interessenabwägung ist die »Umstellung« auf einen Traktor erlaubt, weil sie dem Stand der Technik entspricht und für den Servitutsbelasteten zumutbar und nicht erschwerend ist.
Der Servitutsberechtigte hat die Pflicht zur schonenden Ausübung der Dienstbarkeit. Das bedeutet auch die Verpflichtung, die Dienstbarkeit in gutem Zustand zu erhalten.

Was darf ein Servitutsberechtigter und was nicht?

Eine unzulässige Erweiterung liegt grundsätzlich nur dann vor, wenn die Änderung der Benützungsart erheblich erschwerend für das dienende Gut ist.

Wann liegt eine zulässige und wann eine unzulässige Erweiterung der Dienstbarkeit vor?
Nach einschlägiger Rechtsprechung des OGH ist zum Beispiel eine *zulässige Erweiterung:*

1. wenn bei einer Servitut der Schiabfahrt sich die Anzahl der Schifahrer erhöht;
2. wenn die Schneeräumung des Fahrweges auf die der fortgeschrittenen technischen Entwicklung entsprechende Art ausgeübt wird;
3. wenn die für den Geschäftsbetrieb verwendeten Fahrzeuge an die technische Entwicklung angepaßt werden u. dgl.

Eine *unzulässige Erweiterung* liegt vor:

1. wenn die Beschaffenheit des Weges (etwa Breite und/oder Befestigung) geändert werden muß, um seine – wenn auch einem Bedürfnis des Berechtigten entsprechende – Benützung durch Fahrzeuge zu ermöglichen;
2. wenn ein Fahrt- bzw. Wegerecht zu einem Bauernhaus für Fahrten von und zu einem neu errichteten Lagerhaus ausgedehnt wird;
3. wenn zu einer bestehenden Landwirtschaft eine Gastwirtschaft hinzukommt und dadurch die Benützungsfrequenz des Weges durch Gäste erhöht wird u. dgl.

Darf nur der Servitutsberechtigte sein Recht ausüben?

Neben dem Berechtigten selbst dürfen auch seine Familienmitglieder und die Mieter die Servitut ausüben.

Beim Kauf meines Hauses habe ich auch gleich das Servitutsrecht an der Zufahrt erworben. Da ich aus beruflichen Gründen in ein anderes Bundesland ziehen muß, habe ich mein Haus an eine sehr nette kinderreiche Familie vermietet. Der Eigentümer des Zufahrtsweges macht meinen Mietern nun ständig Schwierigkeiten und behauptet, daß er, wenn er wolle, den Zufahrtsweg auch absperren könne, da nur ich als Hauseigentümer diesen Weg benützen dürfe. Wie ist hier die Rechtslage? Hat der Wegeigentümer recht oder dürfen auch meine Mieter diesen Weg benützen?

Obwohl ein Servitutsrecht nicht ausgedehnt werden darf, muß sich der Servitutsverpflichtete gefallen lassen, daß neben dem Servitutsberechtigten auch die Familienmitglieder, Freunde und Besucher dieses Servitutsrecht mit ausüben dürfen. Ebenso ein Mieter, der anstelle des Vermieters das Servitutsrecht ausübt. Der Eigentümer ist daher verhalten, auch den Mietern die Ausübung der Wegservitut zu gestatten.

Dürfen auch Besucher einen Servitutsweg benützen?

Auch Besucher des Berechtigten dürfen den Servitutsweg benützen.

Über unseren Grund führt ein Servitutsweg, den unser Nachbar benutzt, um zu seinem Haus zu gelangen. Wir haben mit seiner Zustimmung eine Tür in den Zaun machen lassen, diese mit einem Schloß versehen und ihm einen Schlüssel übergeben. Nun reicht er den Schlüssel an uns unbekannte Personen weiter, damit diese zu seinem Grundstück gelangen können. Dürfen diese Leute den Weg benützen?

Nach § 492 ABGB beinhaltet das Recht des Fußsteiges (alte Bezeichnung für Dienstbarkeit des Gehrechtes) nicht nur das Recht, selbst auf diesem Steig zu gehen, sondern auch andere Menschen zu sich kommen zu lassen. Dritte, denen der Servitutsberechtigte den Schlüssel ausfolgt, dürfen also den Weg begehen, um zu dessen Grundstück zu gelangen.
Da im oben geschilderten Fall der Eingang mit einem Schloß gesichert ist, kann den Weg nur jemand betreten, der vom Servitutsberechtigten den Schlüssel bekommen hat. Ich sehe keine Möglichkeit, dem Servitutsberechtigten zu verbieten, dritten Personen, die ihn besuchen, den Schlüssel zur Verfügung zu stellen.

Kann ein Servitutsrecht verjähren?

Ein Servitutsrecht verjährt nach drei Jahren unter der Voraussetzung, daß sich der Servitutsverpflichtete der Ausübung des Servitutsrechtes widersetzt (z. B. durch Errichtung eines Hindernisses oder Aufstellen einer Verbotstafel u. dgl.) und der Berechtigte durch drei aufeinanderfolgende Jahre sein Recht nicht geltend gemacht hat. Ebenso wie der Erwerb einer Servitut durch 30jährige Ausübung erfolgen kann, kann auch durch Nichtausübung eines Servitutsrechtes durch 30 Jahre dieses Servitutsrecht verjähren.

Verlust der Dienstbarkeit grundsätzlich erst nach 30jährigem Nichtgebrauch des Rechtes, in Ausnahmefällen auch nach drei Jahren.

Wenn also ein bereits zustehendes Servitutsrecht durch 30 Jahre nicht ausgeübt wird, ohne daß jemand die Ausübung verhindert, erlischt dieses Recht durch Nichtgebrauch.

Auf welche Weise kann eine Servitut erlöschen?

Verlust der Dienstbarkeit durch Wegfall des Nutzens.

Eine Dienstbarkeit kann man, wie wir bereits wissen, vor allem durch Verjährung (also nach 30jährigem Nichtgebrauch des Rechtes, in besonderen Fällen auch nach drei Jahren) verlieren. Daneben kann ein Verlust der Dienstbarkeit auch durch Untergang des dienstbaren Gutes eintreten (bei Wiederaufleben desselben nur vorübergehend). Dienstbarkeiten erlöschen aber auch dann, wenn sie dem Berechtigten keinerlei Vorteil mehr bringen.
Ein Beispiel dazu: Durch das Gehöft eines Bauernhofes führte 35 Jahre lang ein Servitutsweg zugunsten des benachbarten Bauern. Jetzt wurde rund um das Gehöft eine Straße gebaut, und die Bäuerin ersuchte den Nachbarn, diese zu benützen. Der Nachbar lehnte das ab. Darf er weiter den alten Weg benützen?

Nein. Nach mehrfachen Entscheidungen des OGH erlischt die Dienstbarkeit des Fahrweges zwar nicht deshalb, weil der Eigentümer des herrschenden Gutes (hier also der Nachbar) auch auf einem anderen Weg ans Ziel gelangen kann. Dienstbarkeiten erlöschen aber im allgemeinen dann, wenn sie infolge veränderter Umstände dem Berechtigten *keinerlei* Vorteil mehr bringen.

Kann ein Gehrecht wieder aufleben?

Wiederaufleben der Servitut nach Wiederherstellung der vorübergehend »erloschenen« Dienstbarkeit.

Mehrere Anrainer und ich benützen seit über 30 Jahren einen kleinen, den Bach entlang führenden Weg in den Ort. Vor etwa zehn Jahren zerstörte ihn ein Hochwasser. Nun sieht das Flußregulierungsprojekt auch die Wiedererrichtung des alten Weges vor. Ist unser Gehrecht unterdessen erloschen? Wenn ja, warum? Wenn nein, müssen wir die Grundbesitzer darauf aufmerksam machen, oder können wir den Weg wieder so begehen wie vor 20 Jahren?

Die Antwort auf diese Frage gibt § 525 ABGB. Dieser besagt: »Der Untergang des dienstbaren oder des herrschenden Grundes stellt zwar die Dienstbarkeit ein; sobald aber der Grund oder das Gebäude wieder in den vorigen Stand gesetzt ist, erhält die Servitut wieder ihre vorige Kraft.«
Hieraus folgt, daß nach Wiederherstellung des sogenannten dienstbaren Grundes – hier also des Weges – die Servitut wieder auflebt und danach wieder ausgeübt werden kann. Eine vorherige Verständigung der betroffenen Grundbesitzer ist nicht erforderlich, aber ratsam.

Bleibt das Servitutsrecht bei Parzellierung bestehen?

Das Servitutsrecht besteht im Falle der Teilung des herrschenden Grundstückes grundsätzlich zugunsten aller Teile fort.

Über den Grund eines Eigentümers führt eine Wegservitut, die an die beiden angrenzenden Nachbarliegenschaften gebunden ist. Die Nachbarn haben ihre Grundstücke parzelliert und teilweise verpachtet, so daß der Weg nicht nur von den beiden Nachbarn, sondern auch von den hinzugekommenen Pächtern benutzt wird. Der Grundeigentümer möchte nun wissen, ob er dies dulden muß oder ob er sich dagegen wehren kann.

Die geltende Rechtsmeinung geht dahin, daß im Falle der Teilung des herrschenden Grundstückes Grunddienstbarkeiten (und um eine solche handelt es sich hier) regelmäßig zugunsten aller Teile fortbestehen. Das heißt, sie können von den Eigentümern bzw. Pächtern sämtlicher Teilstücke ausgeübt werden. Allerdings darf durch die Teilung des herrschenden Grundes die Last des dienstbaren Grundes nicht erweitert bzw. beschwerlicher werden.
Daraus folgt zunächst, daß sich der Eigentümer in unserem Beispiel die Servitutsausübung durch die Eigentümer bzw. Pächter der Teilstücke grundsätzlich gefallen lassen muß. Er könnte sich dagegen nur dann wehren, wenn dadurch die Dienstbarkeit erweitert oder für das dienstbare Gut wesentlich beschwerlicher werden sollte (z. B. wenn auf einer errichteten Parzelle ein Pächter eine Gastwirtschaft betreibt). In so einem Fall könnte der Grundeigentümer auf Unterlassung klagen.

Darf ein Servitutsweg ohne Zustimmung des Berechtigten verlegt werden?

Ein Ehepaar ließ sich gleich beim Kauf eines Grundstückes das Recht einräumen, den bestehenden Weg (es ist die einzige mögliche Zufahrt) des Nachbarn als Haus- und Hofzufahrt zu benützen. Nun will der Nachbar diesen Weg, der auch seine Hauszufahrt ist, verlegen. Der Weg, der über einen Hang führt, würde mit der Änderung zwar kürzer, jedoch steiler und beschwerlicher werden. Das Ehepaar möchte nun wissen, ob der Nachbar den Weg ohne seine Zustimmung verlegen darf.

Die Verlegung eines Servitutsweges ist nur dann gestattet, wenn die Benützung nicht wesentlich erschwert wird.

Mehrere Entscheidungen des OGH besagen, daß der Belastete den Servitutsweg auch *ohne Zustimmung* des Berechtigten auf eine andere Stelle des belasteten Grundstückes verlegen darf, *wenn der neue Weg dem Zweck der Dienstbarkeit vollkommen entspricht.* Nach herrschender Meinung muß sich der Berechtigte durch Maßnahmen, die im Interesse des Belasteten liegen, allerdings nur geringfügige Erschwernisse der Servitutsausübung gefallen lassen, keineswegs jedoch solche, die zu einer wesentlichen Beeinträchtigung seiner Servitutsausübung führen würden. Wenn durch die Wegverlegung für das Ehepaar die Servitutsausübung wesentlich beschwerlicher wird, darf der Weg also nur mit Zustimmung des Ehepaares verlegt werden.

Ist die Errichtung eines Tores erlaubt?

Die Errichtung eines Tores ist dann erlaubt, wenn dadurch keine Erschwernis in der Servitutsausübung eintritt.

Auf unserem Servitutsweg hat der Nachbar plötzlich ein Tor errichtet. Bei jeder Ein- und Ausfahrt muß ich das Tor öffnen und schließen. Das ist für mich sehr beschwerlich. Ist der Nachbar dazu berechtigt?

Zu dem Problem, ob die Errichtung eines Tores auf dem Servitutsweg statthaft ist oder nicht, kann ich nur auf zwei einschlägige Entscheidungen des OGH hinweisen: Die Errichtung eines nicht versperrten Tores wurde durch eine Entscheidung für zulässig erklärt. Als unstatthaft wurde jedoch die Absperrung eines Weges zu einem Wohnhaus durch ein versperrtes Gattertor selbst dann angesehen, wenn der Schlüssel an den Berechtigten übergeben wird.
Bei der Beurteilung dieser Frage ist entscheidend, ob durch das Tor eine wesentliche Erschwernis in der Servitutsausübung eintritt, daß diese für den Bestand der Dienstbarkeit abträglich ist oder mit dem Zweck der Servitut unvereinbar erscheint.

Bleibt eine Geh- und Fahrservitut bei Verkauf bestehen?

Der Verkauf eines Grundstückes hat keinen Einfluß auf bestehende Servituten.

Beim Kauf seines Grundstückes bat uns unser Nachbar um das Servitutsrecht über unseren Grund. Daraufhin wurde mit unserer Zustimmung für das Nachbargrundstück das Geh- und Fahrrecht über unsere Liegenschaft grundbücherlich einverleibt. Obwohl der Nachbar auch eine andere – wenn auch etwas längere – Zufahrt zu seinem Grund und Haus hat, waren wir im Sinne der guten Nachbarschaft bereit, ihm auch das Servitutsrecht für sein Grundstück über unser Grundstück einzuräumen. Nun ist uns zu Ohren gekommen, daß der Nachbar seinen Grund mit dem Haus verkaufen möchte. Bleibt das Servitutsrecht für den Käufer bestehen oder erlischt es nun durch den Kauf?

Wenn mit dem Grundstück ein »Wegerecht« verbunden ist, so wird grundsätzlich mit dem Grundstück auch dieses »Wegerecht« erworben. Es erlischt daher keineswegs mit dem Verkauf. Auch der Umstand, daß der Nachbar zu seinem Haus noch eine andere Zufahrt hat, ist ohne rechtliche Bedeutung, da die Dienstbarkeit damit ihren Sinn noch nicht verliert, und hat somit auf das Bestehen dieser vom Nachbarn eingeräumten Servitut keinen Einfluß. Wenn nun der Nachbar sein Grundstück verkauft, kann auch der neue Käufer dieses Servitutsrecht weiterhin ausüben, da es an das Grundstück und nicht an eine Person gebunden ist.

Darf eine Wasserservitut bei Hausverkauf mitverkauft werden?

Bei Grundverkauf kann das Wasserbezugsrecht grundsätzlich mitverkauft werden.

Ein Vater hat jedem seiner beiden Söhne ein Grundstück mit einem Haus vererbt; die Grundstücke grenzen aneinander. Die Wasserversorgung für die beiden Häuser erfolgt mittels Wasserleitung von einem Brunnen, der sich auf dem Grundstück des einen Sohnes befindet. Auf der Liegenschaft des anderen Sohnes ist ein Wasserbezugsrecht grundbücherlich einverleibt. Dieser Sohn möchte nun sein Haus verkaufen und fragt, ob er das Wasserbezugsrecht mitverkaufen darf. Ferner möchte er wissen, ob die Tochter seines Bruders (also des Brunneneigentümers) auch von diesem Brunnen Wasser beziehen darf, wenn sie auf dem Grund ihres Vaters ein weiteres (eigenes) Haus baut.

Die Dienstbarkeit des Wasserbezuges ist eindeutig an das sogenannte herrschende Grundstück gebunden. Der Sohn kann daher im Falle des Verkaufes seines Grundstückes dem Käufer auch die Wasserbenützung einräumen.
Der Eigentümer des sogenannten dienenden Grundstückes ist nicht befugt, durch irgendwelche Vorkehrungen die Ausübung der Dienstbarkeit zu beeinträchtigen bzw. im konkreten Fall den Umfang des Wasserbezugsrechtes einzuschränken. Es wäre also zu prüfen, inwieweit durch den Hausbau der Tochter eine tatsächliche Beeinträchtigung des Wasserbezugsrechtes eintreten würde.

Gilt das Wasserbezugsrecht bei Parzellierung für alle Eigentümer?

Ich habe meinem Nachbarn das Wasserbezugsrecht von meiner Quelle zur Wasserversorgung seines landwirtschaftlichen Anwesens eingeräumt. Jetzt hat er das Grundstück geteilt und die einzelnen Parzellen verkauft. Haben nun alle Parzelleneigentümer das Wasserbezugsrecht von meiner Quelle? Ich befürchte dann, daß die Quelle versiegen wird.

Durch Teilung des Grundstückes, an welches das Wasserbezugsrecht gebunden ist, darf dieses Recht nicht erweitert werden.

Gemäß § 844 ABGB bestehen zwar Grunddienstbarkeiten bei Teilung des herrschenden Gutes zugunsten aller Teilgrundstücke fort, doch darf die Servitut hiedurch weder erweitert noch für das dienende Grundstück beschwerlicher werden. Daß die Quelle durch den Anschluß zusätzlicher Wasserleitungen für weitere Parzellen einer sehr erheblichen Mehrbelastung ausgesetzt und somit beschwerlicher wird, liegt auf der Hand. Der Eigentümer der Quelle ist daher berechtigt, den weiteren Parzelleneigentümern den Wasserbezug von seiner Quelle insoweit zu untersagen, als dadurch das dem Nachbarn ursprünglich eingeräumte Ausmaß der Servitut überschritten wird.

Was kann man tun, wenn man in der Servitutsausübung behindert wird?

Gegen Behinderung in der Servitutsausübung kann man sich mit der Servitutsklage wehren.

Mein Nachbar hat mir beim Kauf meiner Liegenschaft grundbücherlich das Recht eingeräumt, seine Wegparzelle uneingeschränkt zu benützen. Nun hat er aber entlang des Weges eine Thujenhecke errichtet, die solche Ausmaße angenommen hat, daß mir die Ausübung meines Rechtes erschwert, ja fast unmöglich ist. Ich kann den Weg fast nicht mehr benützen. Wie kann ich mich dagegen wehren?

Zunächst einmal rate ich zu einem eingeschriebenen Brief, in dem der Nachbar ersucht wird, die Thujen soweit zu stutzen oder sogar zu entfernen, so daß die ungestörte Ausübung des Servitutsrechtes wieder möglich ist. Sollte der Nachbar aber diesem Ersuchen nicht nachkommen, gibt es die Möglichkeit, gegen ihn mit der sogenannten Servitutsklage vorzugehen. Diese Klage kann der Fragesteller gegen jeden (hier im speziellen gegen den Eigentümer) anstrengen, der ihn in der Ausübung seines Rechtes behindert oder ihm dies unmöglich macht. Er müßte vor Gericht nur das Bestehen der Servitut (= Vorweis des Grundbuchauszuges) und die Störung durch die Thujen des Nachbarn beweisen.

Wie verhindert man das Entstehen einer Servitut?

Durch die sogenannte Bittleihe kann das Entstehen einer Servitut verhindert werden.

Mein Nachbar geht schon seit zehn Jahren über mein Grundstück. Obwohl er auch eine andere Möglichkeit hat, zu seinem Grund zu gelangen, möchte ich ihm dies nicht so einfach verbieten. Andererseits will ich aber verhindern, daß er dadurch ein Servitutsrecht erwirbt. Gibt es da einen Ausweg?

Ja, den Ausweg bietet die sogenannte *Bittleihe*, auch Prekarium genannt. Der Betroffene ersucht seinen Nachbarn, daß er ihm eine Bestätigung mit folgendem Inhalt unterschreibt:

Bittleihe
Ich, Herr ... (Name des Nachbarn), wohnhaft ..., bestätige hiemit, daß ich das im Eigentum meines Nachbarn, Herrn ... (Name), wohnhaft ..., befindliche Grundstück (genaue Bezeichnung) unentgeltlich und gegen jederzeitigen Widerruf begehen darf.
Unterschrift des Nachbarn und Datum

Damit ist der Fragesteller auf alle Fälle abgesichert, weil er gegen Vorhalt dieser Bestätigung das seinem Nachbarn entgegenkommenderweise eingeräumte Recht jederzeit widerrufen kann. Da jedoch die wesentlichen Merkmale der Bittleihe die *Unentgeltlichkeit* und der *jederzeitige Widerruf* sind, darf keinerlei Entgelt angenommen werden.

Das Wohnrecht: Nicht übertragbar und nicht vererbbar

Das Wohnrecht ist ein höchstpersönliches Recht, das grundsätzlich mit dem Tod des Berechtigten erlischt. Es ist nicht übertragbar oder vererbbar.

Herr A hat von seiner Tante ein Haus gekauft und ihr darin das lebenslange Wohnrecht eingeräumt. Da seit einiger Zeit bei ihr ein Mann wohnt, den sie heiraten will, möchte er wissen, ob das Wohnrecht der Tante dann auch auf ihren Ehemann übergeht bzw. ob die Tante ihm das Recht vererben kann.

Das Wohnrecht ist das Recht, die bewohnbaren Teile eines Hauses oder einer Wohnung grundsätzlich nur zu seinen eigenen Bedürfnissen zu benützen. Der Wohnungsberechtigte darf dieses Recht nicht an Dritte weitergeben. Das Wohnrecht ist also ein höchstpersönliches Recht, das grundsätzlich mit dem Tod des Berechtigten erlischt, sofern nicht eine kürzere Dauer vereinbart wurde. Es darf *weder zu Lebzeiten übertragen noch vererbt werden* – auch nicht dem Ehemann.
Nach der Rechtsprechung darf aber ein Wohnungsberechtigter den Ehegatten, unversorgte oder kranke, hilfsbedürftige volljährige Kinder, ja sogar einen Lebensgefährten sowie eine Pflege- oder Dienstperson in die Wohnung aufnehmen. Auch darf eine verwitwete Person, der das Wohnrecht eingeräumt wurde, ihren späteren zweiten Gatten aufnehmen. Diese Personen erwerben dadurch kein Wohnrecht. Sie können aber – allerdings nur, solange der Wohnungsberechtigte lebt – mit diesem die Wohnung bewohnen.

Für welche Kosten muß ein Wohnungsberechtigter aufkommen?

Bei einem unentgeltlichen Wohnrecht trägt der Eigentümer die Betriebskosten und öffentlichen Abgaben.

Vor kurzem ist meine Frau verstorben. Ich habe daher Haus und Grund meinem Sohn übergeben und mir das lebenslängliche unentgeltliche Wohnrecht darin vorbehalten. Heißt das, daß ich nichts bezahlen muß, oder habe ich für das Licht, die Versicherung, die Steuer und die Betriebskosten aufzukommen? Da ich nur eine kleine Pension beziehe, ist die Antwort auf meine Frage von großer Bedeutung.

»*Unentgeltlich*« bedeutet, daß Sie weder Miete noch Steuer noch Versicherungen bezahlen müssen. Zu den Betriebskosten und öffentlichen Abgaben sagt die derzeit geltende Rechtsprechung folgendes: »Das Recht des Vermieters, nach dem MRG (Mietrechtsgesetz) Betriebskosten und öffentliche Abgaben auf den Mieter zu überwälzen, kann nicht auf Verträge angewendet werden, die den Schutzbestimmungen des MRG nicht unterliegen.« Schon gar nicht ist eine analoge Anwendung auf einen Übergabsvertrag wie in unserem Beispiel möglich.
Das bedeutet, daß der Pensionist, wenn er mit seinem Sohn nicht ausdrücklich etwas anderes vereinbart hat, für keine Kosten aufkommen muß, die nicht durch ihn persönlich verursacht wurden, wie z. B. Strom- oder Telefonkosten.

Darf ein Wohnungsberechtigter Besuche empfangen?

Störungen der Dienstbarkeit des Wohnrechts können mit der Besitzstörungsklage oder der Servitutsklage bekämpft werden.

Meine Mutter hat in einem Haus das Wohnrecht. Auf einmal verbietet die Hauseigentümerin meiner Mutter, Besuche zu empfangen. Sie sperrt einfach das Haustor ab und gibt eine Kette davor. Darf sie das? Wenn nicht, was kann meine Mutter dagegen tun?

In einem Wohnrecht ist selbstverständlich auch das Recht enthalten, Besuche zu empfangen. Dem Wohnungsberechtigten ist die Ausübung seines Rechtes im vollen Umfang zu gestatten. Da es sich bei einem Wohnrecht um eine Dienstbarkeit der Wohnung handelt, kann die Mutter als Wohnungsberechtigte – sollte auch ein eingeschriebener Brief keine Abhilfe schaffen – eine sogenannte Servitutsklage einbringen. Das Begehren dieser Klage wäre auf Beseitigung des Hindernisses (z. B. Haustorkette) bzw. der Beeinträchtigung der Ausübung des ungehinderten Wohnrechtes gerichtet. Es besteht auch die Möglichkeit, eine Besitzstörungsklage – allerdings innerhalb einer Frist von 30 Tagen ab der ersten Störung – einzubringen.

Kann man sein Wohnrecht verlieren?

Mein Vater hat uns einen Grund mit zwei Häusern geschenkt. In dem einen Haus wohnen wir, im anderen – es ist ein altes Holzhaus – hat er sich das lebenslängliche Wohnrecht einräumen lassen. Da er selten dort wohnt, möchten wir wissen, ob er dadurch das Wohnrecht verlieren kann und was geschieht, wenn zum Beispiel das Holzhaus abbrennen sollte.

Ein Wohnrecht erlischt grundsätzlich mit dem Tod des Berechtigten bzw. mit Ablauf der vereinbarten Zeit.

Ein grundbücherlich abgesichertes Wohnrecht, das auf Lebensdauer eingeräumt wurde, bleibt dem Wohnungsberechtigten grundsätzlich bis zu seinem Tod erhalten. Dies unabhängig davon, ob er dieses Recht ständig oder nur fallweise bzw. ganz selten ausübt; durch 30jährigen Nichtgebrauch wäre dieses Recht – so wie jede Servitut – allerdings erloschen. Es gibt in so einem Fall wie hier weder einen Verlust des Wohnrechtes noch eine Verwirkung desselben. Sollte das Holzhaus abbrennen, ist dadurch die Dienstbarkeit des Wohnrechtes nicht erloschen. Hat ein Wohnrecht Unterhaltscharakter, und das ist sehr oft der Fall, dann ist auch der an der Zerstörung nicht schuldtragende Eigentümer in der Regel zum Wiederaufbau verpflichtet. Bis dahin kann der Wohnungsberechtigte von ihm während der Zeit des Wiederaufbaues Ersatz verlangen. Wenn das abgebrannte Holzhaus wiederhergestellt ist, besteht das Wohnrecht in diesem Haus im selben Umfang, wie es seinerzeit eingeräumt wurde, fort.

Ist ein Wohnrecht auflösbar?

Ein Wohnrecht ist ein Dauerrechtsverhältnis und kann daher nur aus wichtigen oder schwerwiegenden Gründen aufgelöst werden.

Meine Tante hat sich vom Voreigentümer meines Hauses ein lebenslängliches unentgeltliches Wohnrecht für zwei Zimmer im ersten Stock einräumen lassen. Da die Tante auch meine Wohnräume laufend benützt und Sachen wie Wäsche und Lebensmittel entnimmt, habe ich Zweitschlösser anfertigen lassen. Doch in meiner Abwesenheit hat sie sich Zweitschlüssel machen lassen. Da durch dieses Verhalten ein gemeinsames Wohnen unter einem Dach für mich nicht mehr erträglich ist, möchte ich wissen, ob es eine Möglichkeit gibt, dieses Wohnrecht aufzulösen.

Ja, diese Möglichkeit besteht. Der OGH hat in seiner Entscheidung vom 9. Juli 1991 festgehalten, daß so wie Dauerschuldverhältnisse auch Dauerrechtsverhältnisse (wie Dienstbarkeiten und ähnliche Gebrauchsrechte) aus wichtigem Grund vorzeitig aufgelöst werden können. Da das Verhalten der Tante eine grobe Verfehlung darstellt, insbesondere dadurch, daß sie sich an dem Eigentum ihrer Nichte vergreift, kann dieses Wohnrecht aufgelöst werden.

Welche Bedeutung hat ein Fruchtgenußrecht?

Mir wurde mittels Notariatsakt das Fruchtgenußrecht an einer Wohnung eingeräumt. Besteht zwischen diesem Recht und dem Wohnungsrecht ein Unterschied?

Der Fruchtgenußberechtigte darf sein Recht Dritten zur Benützung überlassen.

Ja, das *Wohnungsrecht* ist das Recht, die bewohnbaren Teile eines Hauses oder einer Wohnung grundsätzlich nur zu seinen eigenen Bedürfnissen zu benützen. Der Berechtigte darf dieses Recht nicht an Dritte weitergeben.
Das *Fruchtgenußrecht* hingegen ist das Recht, die bewohnbaren Teile eines Hauses oder der Wohnung ohne Einschränkung zu genießen. Der Fruchtgenußberechtigte ist daher befugt, Miet- oder Pachtverträge abzuschließen. Dadurch kann er die ihm zum Gebrauch überlassene Wohnung oder das Haus auch Dritten zur Benützung überlassen. Die zwischen dem Fruchtnießer und einem Dritten abgeschlossenen Verträge erlöschen nicht automatisch mit dem Tod des Fruchtgenußberechtigten. Es tritt der Eigentümer in diese Verträge ein, obwohl das Fruchtgenußrecht mit dem Tod des Berechtigten erloschen ist. Der Eigentümer ist jedoch an außergewöhnliche Bestimmungen nicht gebunden. Für die Kündigung gilt die gesetzliche und nicht eine allfällige vertragliche Kündigungsfrist, jedoch unter Beibehaltung eines allfälligen Kündigungsschutzes.
Sowohl das Wohnungs- als auch das Fruchtgenußrecht können aber auch auf kürzere Dauer vereinbart werden.

Welche Pflichten hat ein Fruchtnießer?

Der Fruchtnießer muß die Sache instandhalten und die Betriebskosten tragen.

Mein Vater hat mir vor einiger Zeit sein Haus grundbücherlich übertragen, sich als Gegenleistung aber das Fruchtgenußrecht am gesamten Haus vorbehalten. Jetzt verlangt er von mir, daß ich für sämtliche Kosten, die anfallen (wie Steuer, Versicherung, Müllabfuhr, Kanalgebühr, Strom, Heizung etc.) aufkommen soll. Im Vertrag ist diesbezüglich nichts festgehalten. Muß ich allein für diese Kosten aufkommen oder sind sie mit dem Vater zu teilen?

Wenn vertraglich nichts Gesondertes vereinbart wurde, kommen die Bestimmungen des ABGB zum Tragen. Danach hat der Fruchtnießer alle mit der im Fruchtgenuß stehenden Sache zusammenhängenden Betriebskosten und Auslagen selbst zu tragen. Dies jedoch nur, soweit diese Kosten aus den erzielbaren Erträgnissen dieses Hauses gedeckt sind.
Ein Fruchtnießer ist außerdem verpflichtet, die dienstbare Sache (= Haus) in dem Stande, in dem er sie als Fruchtnießer übernommen hat, grundsätzlich zu erhalten. Dies jedoch alles bei Schonung der Substanz. Daher ist der Fragesteller nicht verpflichtet, irgendeinen Beitrag zu den laufenden Auslagen des in seinem Eigentum stehenden Hauses und Grundstückes zu leisten, sofern der Vater aus dem Haus Erträgnisse erzielt bzw. erzielen könnte, die zur Abdeckung der jeweiligen Auslagen ausreichen.

Kann man ein Wohn- bzw. Fruchtgenußrecht ohne Zustimmung der Miteigentümer einräumen?

Beim Wohnrecht ist die Zustimmung der übrigen Miteigentümer erforderlich, beim Fruchtgenußrecht nicht.

Ein Haus gehört zu je einem Drittel drei Eigentümern. Aufgrund einer gerichtlichen Benützungsregelung bewohnt der eine das Parterre, der zweite den ersten und der dritte den zweiten Stock. Der im Parterre wohnende Eigentümer will zu seiner Tochter ziehen und einem Freund das Wohnrecht einräumen. Die beiden anderen Miteigentümer sind aber dagegen. Kann nun der eine Miteigentümer ohne Zustimmung der beiden anderen dem Freund das Wohnrecht einräumen?

Nein, das geht nicht. Die Dienstbarkeit der Wohnung kann nur eingeräumt werden, wenn *alle Miteigentümer* zustimmen.
Das *Fruchtgenußrecht* kann hingegen ein Miteigentümer eines Hauses auf seinem Miteigentumsanteil einräumen, ohne daß die übrigen zustimmen müssen.
Bei einer Eigentumswohnung, die einem Ehepaar gemeinsam gehört, müssen jedoch in jedem Fall beide Eheleute zustimmen, unabhängig davon, ob ein Wohnrecht oder ein Fruchtgenußrecht eingeräumt werden soll.

Wer darf ein Wohnrecht mitausüben?

Nur ein bestimmter Personenkreis darf das Wohnrecht mitausüben.

Meine Eltern haben mir vor zehn Jahren den Hof übergeben und sich dafür das lebenslängliche unentgeltliche Wohnrecht für zwei Zimmer und Küche im Erdgeschoß vorbehalten. Kurz danach haben meine Eltern meine teilweise behinderte Schwester, die von der Fürsorgerente lebt, bei sich aufgenommen. Da sich die Schwester nicht selbst versorgen kann und ich nach dem Tod meiner Eltern keine Möglichkeit habe, auf sie zu schauen, möchte ich wissen, ob sie in der Wohnung verbleiben kann.

Obwohl das Wohnrecht ein höchstpersönliches Recht ist, das mit dem Tod des (der) Berechtigten erlischt, darf nach der Rechtsprechung ein Wohnungsberechtigter unter anderem unversorgte, kranke und hilfsbedürftige Kinder in die Wohnung aufnehmen. Das bedeutet, daß die Eltern berechtigt sind, die hilfsbedürftige Tochter bei sich aufzunehmen, wobei diese aber dadurch kein Wohnrecht erwirbt. Sie darf nur so lange dort wohnen, solange die Eltern (bzw. ein Elternteil) leben (lebt).

Müssen alte und kranke Wohnungsberechtigte Umbauten dulden?

Der (Die) Wohnungsberechtigte muß nur notwendige und zumutbare Bauführungen dulden.

Meine Schwester (81), durch harte Arbeit schwer verbraucht, gehbehindert, scheint ein Pflegefall zu werden. Sie hat daher schweren Herzens ihr Haus verkauft und sich das unentgeltliche Wohnrecht vorbehalten. Nun erhielt sie die Aufforderung, umfangreichen Umbauten zuzustimmen. Das würde bedeuten, die Wohnung für mindestens drei Monate zu räumen, und hätte für sie psychische und physische Belastungen zur Folge, die nicht zu verantworten sind. Da der geplante Umbau laut Auskunft eines Sachverständigen rein optischer Natur ist, möchte ich gerne wissen, wie hier die Rechtslage ist und ob meine Schwester zustimmen muß.

Für die Dienstbarkeit des Wohnrechtes – und um eine solche handelt es sich – finden sinngemäß die auch für den Fruchtgenuß im Gesetz vorgesehenen Bestimmungen der §§ 514ff ABGB Anwendung. Daraus ergibt sich, daß wohl notwendige Bauführungen geduldet werden müssen, nicht notwendige, wenngleich nützliche hingegen abgelehnt werden können bzw. kann diesfalls *volle Entschädigung* für die damit verbundenen Nachteile begehrt werden. Da die geplanten Umbauten angeblich nicht notwendig sind und der betagten Frau die Rechtsausübung vorübergehend unmöglich machen würden, kann sie ihre Zustimmung zu den Umbauten berechtigterweise verweigern.

Absicherung des Ehegatten durch Fruchtgenußrecht

Das Fruchtgenußrecht bleibt auch bei einer Versteigerung unangetastet.

Ein Geschwisterpaar ist je zur Hälfte Eigentümer eines Hauses. Die Schwester hat leider die begründete Befürchtung, daß ihr Bruder seine Haushälfte verkaufen möchte. Da sie selber aus finanziellen Gründen nicht in der Lage ist, dem Bruder seine Hälfte abzukaufen, befürchtet sie, daß er es womöglich zu einer Versteigerung kommen lassen wird, wenn er keinen Käufer findet. Da die Schwester todkrank ist, macht sie sich vorwiegend Sorgen um ihren Ehegatten (die Ehe ist kinderlos) und möchte nun wissen, wie sie ihn am besten absichern kann.

Die einzige Möglichkeit, den Ehegatten abzusichern, besteht darin, daß sie ihm auf ihrer Haushälfte das Fruchtgenußrecht einräumt. Dazu ist nämlich nicht die Zustimmung des Bruders, also des anderen Hälfteeigentümers, erforderlich.
Da aber Verträge zwischen Ehegatten eines Notariatsaktes bedürfen, muß die Schwester mit ihrem Ehemann einen Notar aufsuchen, damit die Einräumung des Fruchtgenußrechtes an den Ehemann rechtsgültig erfolgen kann. Auf alle Fälle ist es ratsam, dieses Fruchtgenußrecht grundbücherlich einzuverleiben, damit es für jedermann ersichtlich ist.

Darf der Eigentümer einen Schlüssel behalten?

Der Eigentümer darf die Räumlichkeiten des Fruchtnießers nur mit dessen Zustimmung betreten.

Häufig wird die Frage gestellt, ob ein Haus- oder Wohnungseigentümer einen Schlüssel behalten darf, wenn er an einem Haus bzw. an einer Wohnung ein Wohn- bzw. Fruchtgenußrecht eingeräumt hat.

Die Antwort ist ein klares Nein. Ein Eigentümer darf von jenen Räumlichkeiten, an denen er ein Wohn- oder Fruchtgenußrecht eingeräumt hat, keinen Schlüssel für sich behalten. Er ist also nicht besser gestellt, als wenn er das Objekt zum Beispiel vermieten würde. Auch in diesem Falle darf er die vermieteten Räumlichkeiten nur mit Zustimmung des Mieters betreten. Er hat allerdings fallweise ein Recht auf Zutritt, um sich über den Zustand des Hauses bzw. der Wohnung ein Bild machen zu können.

9. Kapitel Mietrecht

Kaum ein Rechtsbereich unterlag – und unterliegt – so vielen Änderungen wie das Mietrecht. Grund dafür ist das Spannungsfeld verschiedenster Interessen wie die Notwendigkeit der Wohnversorgung auch für ärmere und sozial schwache Schichten, Verhinderung asozialer Ablösen, Erhaltung der Bausubstanz und des Ortsbildes und Anreiz zum Neubau weiterer Wohnungen. Das Wissen über den neuesten Rechtsstand auf diesem Gebiet ist notwendig.

Was ist Miete, was ist Pacht?

Miet- und Pachtverträge werden auch als Bestandverträge bezeichnet.

Miete und Pacht – zwei Begriffe, die häufig verwechselt werden: Miete ist die Überlassung von Räumlichkeiten zum bloßen Gebrauch. Pacht liegt vor, wenn die Sache nur durch Fleiß und Mühe benützt werden kann. Wenn etwa bei einem Gasthaus nur die Räumlichkeiten überlassen werden, spricht man von Miete, wenn auch das lebende Unternehmen mit der Betriebspflicht und Geschäftsausstattung wie Warenvorräten und Kundenstock überlassen wird, handelt es sich um Pacht. Mietverträge können sowohl dem ABGB als auch dem Mietrechtsgesetz (MRG) unterliegen. Die meisten fallen aber unter das MRG. Das bedeutet, daß die Vertragsfreiheit eingeschränkt ist, da die überwiegenden Bestimmungen des MRG zwingend sind. Pachtverträge unterliegen hingegen in der Regel dem ABGB (Ausnahmen: z. B. Kleingarten- oder Landpachtverträge). Es besteht daher Vertragsfreiheit, und die Vertragspartner können vom Gesetz abweichende Vereinbarungen treffen. Pachtverträge genießen – von obigen Ausnahmen abgesehen – grundsätzlich keinen Kündigungsschutz und können daher ohne Angabe von Gründen aufgekündigt werden, wenn nicht Gesondertes vereinbart wurde (z. B. Pacht auf Zeit etc.).

Der Kündigungsschutz im MRG

Kündigung: Nur aus wichtigem Grund und nur gerichtlich möglich.

Der sog. Mieterschutz wurde durch das am 1. Jänner 1982 in Kraft getretene Mietrechtsgesetz noch verstärkt. Unterliegt ein Mietverhältnis dem MRG, kann der Vermieter einen Mieter erfolgreich nur dann kündigen, wenn die Kündigung gerichtlich erfolgt und wenn ein gesetzlicher oder vertraglich nach § 30 Abs. 2 Zl. 13 MRG vereinbarter gleich wichtiger und bedeutsamer Kündigungsgrund vorliegt. Der Vermieter kann daher nur bei Vorliegen eines wichtigen Grundes den Mietvertrag kündigen. Diese wichtigen Kündigungsgründe (in 16 Punkten zusammengefaßt) sind im § 30 Abs. 2 MRG festgehalten. Ich möchte hier nur einige, die am häufigsten vorkommen, aufzählen:

- Rücksichtsloses, anstößiges oder sonst grob ungehöriges Verhalten den Mitbewohnern gegenüber (nach Ansicht des OGH muß dieses Verhalten aber länger anhalten und sich wiederholen bzw. ein einmaliges gravierendes Ereignis, z. B. Gewalt, sein).
- Rückstand des Zinses trotz Mahnung, wobei aber der Mieter durch Bezahlung des Zinses bis zum Schluß der Verhandlung die Kündigung rückgängig machen kann, wenn ihn am Rückstand kein grobes Verschulden trifft.
- Weitergabe (siehe Untermietverbot, S. 260).
- Eigenbedarf (siehe S. 253, dort ein Beispiel).
- Arge Vernachlässigung der Wohnung.

Eigenbedarf des Vermieters

Selbst verschuldeter Eigenbedarf ist z. B. kein Kündigungsgrund.

Ich bin geschieden und wohne mit meinen zwei Kindern seit sechs Jahren in einem alten Zinshaus in Hauptmiete. Einen schriftlichen Mietvertrag gibt es nicht; ich zahle regelmäßig die Miete. Nun erhielt ich die Kündigung. Als Begründung führte der Hausherr an, daß er meine Wohnung für sich benötige. Er und seine Kinder haben aber in diesem Haus schöne Wohnungen ... Kann er mich so ohne weiteres kündigen?

Nein, keineswegs. Sie haben ein auf unbestimmte Zeit abgeschlossenes mündliches Hauptmietverhältnis, das dem Mietrechtsgesetz unterliegt. Das bedeutet, daß Sie Kündigungsschutz genießen und Ihr Mietverhältnis nur bei Vorliegen eines wichtigen Kündigungsgrundes (§ 30 MRG) aufgekündigt werden kann. Da der Vermieter und seine Kinder im eigenen Haus bereits wohnversorgt sind, kann vom Kündigungsgrund des Eigenbedarfs (§ 30 Abs. 2 Zl. 8 MRG) nicht die Rede sein. Außer es liegt eine Notsituation vor, die allerdings vom Gericht überprüft werden müßte, ebenso ist eine Interessenabwägung nach § 30 Abs. 2 Zl. 8 MRG vorzunehmen.

Der befristete Mietvertrag

Grundvoraussetzung für einen befristeten Mietvertrag ist, von Ausnahmen nach § 1 Abs. 2 MRG abgesehen, grundsätzlich die Schriftlichkeit.

Wie muß ein Mietvertrag aussehen, damit der Mieter nach Ablauf der vereinbarten Zeit auch wirklich auszieht? Ist das bei allen Mietobjekten möglich?

Nein! Mietverträge, die durch Ablauf der vereinbarten Zeit enden, sind nur in ganz bestimmten, im § 29 des MRG taxativ aufgezählten Fällen möglich, wenn

a) in einem Hauptmietvertrag über einen Wirtschaftspark (§ 1 Abs. 5) oder einen Teil desselben oder über einen nach dem 31. Dezember 1967 ohne Zuhilfenahme öffentlicher Mittel errichteten Mietgegenstand oder über eine Wohnung in einem Wohnhaus mit nicht mehr als zwei selbständigen Wohnungen (§ 1 Abs. 4 Zl. 2) schriftlich vereinbart worden ist, daß er durch den Ablauf der bedungenen Zeit ohne Kündigung erlischt;

b) ohne Vorliegen obiger Voraussetzungen in einem Hauptmietvertrag über eine Wohnung, an der Wohnungseigentum besteht, schriftlich vereinbart worden ist, daß er durch den Ablauf der bedungenen Zeit ohne Kündigung erlischt und die ursprüngliche oder verlängerte Vertragsdauer zehn Jahre nicht übersteigt, sofern es sich nicht um eine Eigentumswohnung in einem vor dem 9. Mai 1945 baubewilligten Gebäude handelt und im Zeitpunkt des Mietvertragsabschlusses der Vermieter nicht die Mehrheit der Miteigentumsanteile oder des Wohnungseigentumsobjektes hat (§ 29 Abs. 5 MRG); ungeachtet einer derartigen Vereinbarung hat der Mieter nach Ablauf der fünfjährigen Dauer des Mietverhältnisses das unverzichtbare und unbeschränkbare Recht, den Mietvertrag vor Ablauf der bedungenen Zeit jeweils

zum Monatsletzten gerichtlich unter Einhaltung einer dreimonatigen Kündigungsfrist zu kündigen;
c) in einem Hauptmietvertrag über eine Wohnung schriftlich vereinbart wurde, daß er durch den Ablauf der bedungenen Zeit ohne Kündigung erlischt und die Vertragsdauer drei Jahre beträgt; der Mieter hat aber nach Ablauf einer einjährigen Dauer des Mietverhältnisses das unverzichtbare und unbeschränkbare Recht, den Mietvertrag vor Ablauf der bedungenen Zeit jeweils zum Monatsletzten gerichtlich unter Einhaltung einer dreimonatigen Kündigungsfrist zu kündigen;
d) in einem Hauptmietvertrag über eine als Geschäftsräumlichkeit genutzte sonstige Räumlichkeit, an der Wohnungseigentum besteht, schriftlich vereinbart worden ist, daß er durch Ablauf der bedungenen Zeit ohne Kündigung erlischt;
e) in einem Untermietvertrag schriftlich vereinbart wurde, daß er durch den Ablauf der bedungenen Zeit erlischt und die ursprüngliche oder verlängerte Vertragsdauer fünf Jahre nicht übersteigt.
Ebenso ist eine Befristung bei den sog. Ausbildungsverträgen, insbesondere den Studentenmietverträgen möglich (siehe S. 276).
Voraussetzung für die oben angeführten Möglichkeiten ist, daß der Mietvertrag schriftlich errichtet und darin festgehalten wird, daß er ohne Kündigung mit Ablauf der Vertragsdauer erlischt.

Gerichtliche Kündigung erforderlich?

Mietverträge, die dem MRG unterliegen, müssen immer gerichtlich aufgekündigt werden, es sei denn, daß das Mietverhältnis einvernehmlich aufgelöst wird. Ein rechtswirksam befristetes Mietverhältnis endet mit Ablauf der vereinbarten Vertragsdauer.

Mietverträge, die auf *bestimmte Zeit* abgeschlossen werden können, enden mit *Ablauf der vereinbarten Zeit.* Sie bedürfen auch dann keiner Kündigung, wenn der Mieter nach Beendigung der Mietzeit die Wohnung nicht räumt. In so einem Fall kann der Vermieter mit der viel einfacheren Räumungsklage gegen den Mieter vorgehen.

Bei Mietverträgen, die auf *unbestimmte* Zeit abgeschlossen wurden, ist eine *Kündigung* erforderlich. Diese muß grundsätzlich gerichtlich eingebracht werden. Jedenfalls muß eine Kündigung gerichtlich erfolgen, wenn das Mietverhältnis dem MRG unterliegt. Eine Kündigung hat zu bestimmten Kündigungsfristen und -terminen zu erfolgen. Diese richten sich nach der vertraglichen Vereinbarung. Liegt keine vertragliche Vereinbarung vor, dann gelten die gesetzlichen Kündigungsfristen und -termine.

Mietzinserhöhung bei Eintritt?

Eine Erhöhung ist nach dem erläuterten Beispiel möglich.

Ich bin Eigentümerin eines alten Zinshauses mit 14 Mietparteien. Ein Mieter, Witwer, der mit seiner nunmehr 21jährigen Tochter die Wohnung bewohnt hat, ist nach dem 1. März 1994 gestorben. Die Tochter, die sonst nicht wohnversorgt ist, möchte in der Wohnung bleiben. Da ich gehört habe, daß die Kategorienzinse erhöht werden, möchte ich wissen, wie hoch diese sind und ob ich den bisherigen Mietzins, der unter dem Kategorienzins liegt, anheben darf.

Nach dem MRG in der seit 1. März 1994 geltenden Fassung darf die Tochter des verstorbenen Hauptmieters in den Mietvertrag eintreten, da sie ein dringendes Wohnbedürfnis hat und mit dem Mieter schon bisher im gemeinsamen Haushalt in dieser Wohnung gewohnt hat. Da die Tochter volljährig ist, ist die Eigentümerin berechtigt, eine Erhöhung des bisherigen Hauptmietzinses zu verlangen. § 46 Abs. 2 MRG besagt unter anderem: Er ist anhebbar auf den angemessenen Richtwertzins (wie dieser berechnet wird, ist im § 16 MRG festgehalten), höchstens aber bis zu 29.60 Schilling pro m^2. Das heißt, es ist der Richtwertzins zu errechnen, sollte dieser aber höher sein als 29.60 Schilling, so darf die Erhöhung nur bis zu 29.60 Schilling pro m^2 erfolgen.

Die Betriebskosten

Betriebskosten können nur innerhalb eines Jahres geltend gemacht werden.

Als künftige Mieterin einer Altbauwohnung möchte ich wissen, was alles zu den Betriebskosten zählt.

Nach § 21 MRG gelten als Betriebskosten die vom Vermieter aufgewendeten Kosten für:

- die mit der Versorgung mit Wasser verbundenen Ausgaben
- die Rauchfangkehrung, Kanalräumung, Unratabfuhr und Schädlingsbekämpfung
- die Beleuchtung der allgemein zugänglichen Teile des Hauses, des Hofraumes und Durchganges zu einem Hinterhaus
- die Feuerversicherung
- die Haftpflichtversicherung und die Versicherung gegen Leitungswasser- und Korrosionsschäden
- die Glasbruch- oder Sturmschadenversicherung, wenn die Mehrheit der Hauptmieter der Versicherung zugestimmt hat
- die Verwaltungsgebühren
- der Beitrag für die Hausbesorgergebühren

Ferner gehören zu den Betriebskosten im weiteren Sinne die öffentlichen Abgaben. Unter Betriebskosten versteht man, daß zu den soeben angeführten Kosten noch die Heizkosten und dergleichen hinzukommen. Betriebskosten und Abgaben, deren Fälligkeit vor mehr als einem Jahr eingetreten ist, können nicht mehr geltend gemacht werden; wenn diese fristgerecht innerhalb eines Jahres fällig gestellt werden, dann gilt die dreijährige Verjährungsfrist.

Hauptmiete und Untermiete

Hauptmiete: Wenn der Mietvertrag mit den in § 2 Abs. 1 MRG genannten Personen geschlossen wird.

Hauptmiete liegt vor, wenn der Mietvertrag mit dem Eigentümer einer Liegenschaft oder mit dem dinglich oder obligatorisch berechtigten Fruchtnießer oder mit dem Mieter oder Pächter eines ganzen Hauses oder, sofern der Mietgegenstand im Wohnungseigentum steht, mit dem Wohnungseigentümer geschlossen wird. Hauptmiete liegt auch dann vor, wenn der Mietgegenstand eine Wohnung ist, an der Wohnungseigentum begründet werden soll, dieses aber noch nicht verbüchert ist (= § 2 Abs. 1 MRG). Ebenso, wenn der Mietvertrag mit dem Wohnungseigentümer einer Kategorie-D-Wohnung abgeschlossen wird.
Untermiete liegt vor, wenn der Mietvertrag mit Personen geschlossen wird, die nicht im obigen Absatz genannt sind. Wird das Benützungsrecht des Untervermieters aufgelöst, so hat der Untervermieter den Untermieter hievon unverzüglich in Kenntnis zu setzen. Unterliegt ein Hauptmietverhältnis dem MRG und hat der Hauptmieter untervermietet, so genießt auch der Untermieter grundsätzlich Kündigungsschutz (außer es wird mit ihm ein auf Zeit befristeter schriftlicher Mietvertrag abgeschlossen).

Wann ist Untermiete verboten?

Untervermietung ist nur unter ganz bestimmten Umständen erlaubt, es sei denn, diese ist im Vertrag ohnedies gestattet.

Aus beruflichen Gründen muß ich künftig in Wien wohnen. Ich möchte aber Hauptmieter meiner schönen Altbauwohnung in Graz bleiben (für die Wochenenden), jedoch den Großteil der Räume untervermieten. Ich möchte wissen, ob ich dazu berechtigt bin, da in meinem Mietvertrag diesbezüglich nichts festgehalten ist.

Wenn Sie Ihre Wohnung untervermieten, liefern Sie Ihrem Vermieter einen Kündigungsgrund nach § 30 Abs. 2 Zl. 4 MRG und laufen Gefahr, Ihre Hauptmietrechte zu verlieren, wenn Sie Ihre Wohnung in offenbar naher Zeit nicht für sich oder die nach § 14 Abs. 3 MRG Eintrittsberechtigten (Ehegatte, Kinder etc.) dringend benötigen und erstens die Wohnung zur Gänze weitergeben oder zweitens Ihre Wohnung teilweise einem Dritten gegen einen unverhältnismäßig hohen Mietzins überlassen. Die teilweise Weitergabe einer Wohnung kommt aber einer gänzlichen gleich, wenn die nicht weitergegebenen Teile der Wohnung nicht zur Befriedigung des Wohnbedürfnisses des Mieters oder der eintrittsberechtigten Person regelmäßig verwendet werden. Sie dürfen daher nur so untervermieten, daß Sie die oben erwähnten Kündigungsgründe nicht verwirklichen und die für Sie vorbehaltenen Räume in naher Zeit wieder regelmäßig benützen.
Wenn Ihnen jedoch im Mietvertrag die Untervermietung erlaubt worden wäre, würde sie keinen Kündigungsgrund darstellen.

Darf ein Mieter sein Mietrecht abtreten?

Zu Lebzeiten darf der Hauptmieter seine Mietrechte an bestimmte Personen abtreten.

Ich bin Mieter einer Altbauwohnung, die ich seit dem Tod meiner Frau sieben Jahre mit meiner Schwester bewohne. Vor kurzem habe ich eine Frau kennengelernt, die eine schöne Villa im Grünen hat. Wenn ich nun zu ihr ziehe, kann ich dann meiner Schwester meine Mietrechte weitergeben?

Ja, nach § 12 Abs. 1 MRG darf der Hauptmieter einer Wohnung, der die Wohnung verläßt, seine Hauptmietrechte an der Wohnung seinem Ehegatten oder Verwandten in gerader Linie einschließlich der Wahlkinder oder Geschwister abtreten, falls der Ehegatte oder die Verwandten in gerader Linie einschließlich der Wahlkinder mindestens die letzten zwei Jahre, die Geschwister mindestens die letzten fünf Jahre mit dem Hauptmieter im gemeinsamen Haushalt in der Wohnung gewohnt haben. Da Ihre Schwester seit nunmehr sieben Jahren mit Ihnen im gemeinsamen Haushalt wohnt, ist sie berechtigt, Ihre Hauptmietrechte zu übernehmen. Sie und Ihre Schwester müssen die Abtretung und Übernahme Ihrer Hauptmietrechte dem Vermieter jedoch anzeigen.

Eintrittsrecht nach dem Tod des Wohnungsmieters?

Bei Tod des Mieters einer Wohnung darf nur eine »eintritts-berechtigte Person« das Mietverhältnis fortsetzen.

Wer darf bei Tod eines Mieters das Mietverhältnis fortsetzen? Genügt hier das bloße Anmelden am Wohnort des Mieters?

Grundsätzlich wird das Mietverhältnis durch den Tod des Vermieters oder des Mieters nicht aufgehoben, sondern es geht auf die Erben oder eintrittsberechtigten nahen Angehörigen im Sinne des § 14 MRG über. Unterliegt nämlich ein Mietverhältnis dem MRG, besteht nach § 14 Abs. 2 und 3 dieses Gesetzes die Möglichkeit, in das Mietverhältnis einzutreten. Eintrittsberechtigte Personen sind der Ehegatte, der Lebensgefährte, Verwandte in gerader Linie (= Kinder, Enkel, Ur- und Urur-enkel) einschließlich der Wahlkinder (= Adoptivkinder) und die Geschwister des bisherigen Mieters, sofern diese Personen ein dringendes Wohnbedürfnis haben und schon bisher mit dem Mieter in der Wohnung im gemeinsamen Haushalt gewohnt haben. Der Lebensgefährte muß durch mindestens drei Jahre hindurch in der Wohnung in einer in wirtschaftlicher Hinsicht gleich einer Ehe eingerichteten Haushaltsgemeinschaft mit dem bisherigen Mieter gelebt haben; sollte er jedoch mit dem Mieter die Wohnung gemeinsam bezogen haben, so ist diese Zeit ausreichend, auch wenn sie kürzer als drei Jahre ist. Es muß also die nach dem Gesetz eintrittsberechtigte Person zusätzlich ein dringendes Wohnbedürfnis haben und mit dem Mieter im gemeinsamen Haushalt gelebt haben. Das Anmelden beim zuständigen Meldeamt ist aus den genannten Gründen ohne jedwede rechtliche Bedeutung. Liegen die Voraussetzungen zu einem Eintritt nach § 14 MRG nicht vor, dann setzen die Erben das Mietverhältnis fort (Vermieter kann hier aber kündigen).

Der Wohnungstausch

Ein Wohnungstausch ist bei Vorliegen gewisser Voraussetzungen möglich.

Seit über 20 Jahren wohne ich im 4. Stock einer Altbauwohnung. Da mir das Stiegensteigen – es gibt keinen Lift – sehr beschwerlich ist, möchte ich mit einer jungen Frau, die im Nachbarhaus im Parterre wohnt und von meiner Wohnung begeistert ist, tauschen. Bin ich dazu berechtigt?

Nach § 13 Abs. 1 MRG sind Sie zu dem Wohnungstausch unter nachstehenden Voraussetzungen berechtigt:

1. Wenn Sie die Wohnung vor mehr als fünf Jahren gemietet haben;
2. wenn der Tausch aus wichtigen, besonders sozialen, gesundheitlichen oder beruflichen Gründen erfolgt;
3. wenn der Tausch innerhalb desselben Gemeindegebietes stattfindet;
4. wenn der Tausch zur angemessenen Befriedigung des beiderseitigen Wohnbedürfnisses dient;
5. wenn dem Hauseigentümer der Eintritt des anderen Mieters nach Lage der Verhältnisse zugemutet werden kann;
6. wenn gegen Sie (Hauptmieter) keine Kündigung oder Räumungsklage anhängig ist.

Sollte der Hauseigentümer dem Wohnungstausch nicht zustimmen, können Sie seine Zustimmung bei Vorliegen der Punkte 1 – 6 durch das Schlichtungsamt oder den Außerstreitrichter herbeiführen lassen.

Wer muß Stromleitungen erneuern?

Nach dem MRG muß der Vermieter auf seine Kosten die Stromleitungen erneuern, da es sich nach der Rechtsprechung um einen ernsten Schaden des Hauses handelt.

Ich wohne mit meiner Frau und vier Kindern in einer Mietwohnung. Die Fenster der Wohnung sind seit einem Jahr undicht, und nun stehen wir plötzlich auch ohne Strom da. Nach Aussage des Elektrikers müssen Leitungen erneuert werden. Wer muß dafür aufkommen?

Wenn das Mietverhältnis dem MRG unterliegt, hat der Vermieter nach Maßgabe der rechtlichen, wirtschaftlichen und technischen Gegebenheiten und Möglichkeiten dafür zu sorgen, daß das Haus, die Mietgegenstände und die der gemeinsamen Benützung der Bewohner dienenden Anlagen im jeweils ortsüblichen Standard erhalten werden. Er hat solche Arbeiten in der Wohnung nur dann vorzunehmen, wenn sie der Behebung von ernsten Schäden dienen. Ob dies der Fall ist, würde in einem Verfahren nach § 6 des MRG auch über Antrag eines Mieters beim Schlichtungsamt festgestellt und dem Vermieter bei Zwangsfolge der Auftrag erteilt werden, diese Arbeiten innerhalb angemessener, ein Jahr nicht übersteigender Frist durchführen zu lassen.

Die Sprechanlage

Der Vermieter hat – den technischen Gegebenheiten entsprechend – für eine Sprechanlage zu sorgen.

In unserem Haus ist über Auftrag des Hausherrn nun das Haustor auch am Tag zu sperren. Da wir über keine Sprechanlage verfügen, sind weder Arzt- noch sonstige Besuche möglich, wenn man nicht an der Haustür wartet. Alle Mieter wollen eine Sprechanlage, aber der Hausherr ist dagegen. Was können wir unternehmen?

Wenn das Haustor bisher tagsüber nicht versperrt war, kann der Vermieter nicht verlangen, daß es auf einmal tagsüber gesperrt sein muß. Solch eine Maßnahme wäre eine Änderung des bestehenden Rechtszustandes, die ohne Zustimmung aller Mieter einseitig nicht vorgenommen werden kann. Als Mieter haben Sie aber die Möglichkeit, sich eine Sprechanlage installieren zu lassen, allenfalls aber einen Antrag auf Durchführung der Einrichtung dieser Sprechanlage unter den Voraussetzungen des § 4 MRG beim Schlichtungsamt zu beantragen. Nach § 4 Abs. 1 MRG hat der Vermieter nützliche Verbesserungen des Hauses (wie hier die Sprechanlage) oder einzelner Mietgegenstände nach Maßgabe der rechtlichen, wirtschaftlichen und technischen Gegebenheiten und Möglichkeiten durchzuführen.

Die Schallschutzfenster

Der Vermieter kann den Einbau der Schallschutzfenster dann nicht ablehnen, wenn die Voraussetzungen nach § 9 Abs. 1 Zl. 1–7 MRG gegeben sind.

Ich bin Hauptmieter in einem alten Zinshaus, das an einer Hauptstraße liegt. Da der Straßenlärm derart laut geworden ist, möchte ich mir Schallschutzfenster einbauen lassen. Der Hausherr ist damit aber nicht einverstanden. Bin ich berechtigt, mir ohne seine Zustimmung auf meine Kosten Schallschutzfenster einbauen zu lassen?

Leider nein. Ohne Zustimmung des Hausherrn sind Sie dazu nicht berechtigt, da es sich um eine Veränderung der sog. »Außenhaut«, somit um eine wesentliche Veränderung des Mietgegenstandes handelt, die auch einer baubehördlichen Bewilligung bedarf. Offenbar liegen auch die Voraussetzungen des § 9 Abs. 1 Zl. 2 MRG nicht vor, wonach ein Vermieter seine Zustimmung nicht verweigern kann, wenn die Veränderung der Übung des Verkehrs entspricht und einem wichtigen Interesse des Hauptmieters dient. Sie haben aber die Möglichkeit, sich an das Schlichtungsamt zu wenden und dort einen Antrag auf Erteilung der Zustimmung für den Einbau der Fenster einzuholen. In diesem Verfahren wird überprüft, ob die Voraussetzungen für die Genehmigung nach § 9 Abs. 1 Zl. 1–7 MRG gegeben sind.

Hat der Mieter ein Recht auf ein Telefon?

Der Mieter ist berechtigt, sich ein Telefon einleiten zu lassen, da dies dem heutigen Stand der Technik entspricht.

Mein Sohn hat ein Haus gebaut. Da ich sehr viel dazu beigetragen habe, bekam ich die Dachwohnung gegen eine monatliche Miete von 1500 Schilling. Das Telefon befindet sich in der Wohnung meines Sohnes. Ich darf zwar telefonieren, möchte aber ein eigenes Telefon haben. Mein Sohn sagt, daß das nicht nötig sei. Kann man mir als Mieterin verbieten, ein eigenes Telefon, auf meine Kosten natürlich, einleiten zu lassen?

Nach § 9 Abs. 2 MRG ist der Hauptmieter berechtigt, eine Verbesserung des Mietgegenstandes vorzunehmen, wenn sie dem jeweiligen Stand der Technik entspricht. Dazu gehört jedenfalls die Einleitung eines Fernsprechanschlusses. Grundsätzlich ist die beabsichtigte Veränderung oder Verbesserung dem Vermieter anzuzeigen. Lehnt dieser nicht innerhalb von zwei Monaten ab, so gilt seine Zustimmung als erteilt. Bei Ablehnung – wie hier – können Sie einen Antrag auf Duldung der Einleitung eines Telefonanschlusses in autonomen Städten (wie Graz, Leoben u. dgl.) beim Magistrat (Schlichtungsamt) stellen, in anderen Städten beim Bezirksgericht im Außerstreitverfahren. So ist die Zustimmung zu erzwingen (die Einleitung eines Fernsprechanschlusses ist nach der Rechtsprechung als »privilegierte Arbeit« anzusehen, die bei Ende des Mietverhältnisses nicht rückgängig gemacht werden muß).

Anspruch des Mieters auf Ersatz seiner Investitionen?

Nach dem MRG besteht unter gewissen Voraussetzungen grundsätzlich Anspruch auf Ersatz der getätigten Investitionen.

Unser Haus ist bald bezugsfertig. Haben wir Anspruch auf die 900.000 Schilling, die wir in die bisherige Altbauwohnung investiert haben?

Nach § 10 MRG hat der Hauptmieter einer Wohnung, der in den letzten 20 Jahren vor Beendigung des Mietverhältnisses in der gemieteten Wohnung Aufwendungen zur wesentlichen Verbesserung gemacht hat, die über seine Mietdauer hinaus wirksam und von Nutzen sind, Anspruch auf Ersatz dieser Aufwendungen, jedoch vermindert um eine jährliche Abschreibung. Die Höhe dieser Abschreibung hängt von der Art der Investitionen ab. Sollte es sich um die Errichtung oder die den Erfordernissen der Haushaltsführung dienende Umgestaltung von Wasserleitungs-, Lichtleitungs-, Gasleitungs-, Beheizungs- einschließlich der Errichtung von zentralen Wärmeversorgungsanlagen oder sanitärer Anlagen in normaler und dem jeweiligen Stand der Technik entsprechender Ausstattung oder die gänzliche Erneuerung eines schadhaft gewordenen Fußbodens in einer dem sonstigen Ausstattungszustand der Wohnung entsprechenden Ausführung handeln, ist pro Jahr ein Zehntel abzuschreiben. Dort, wo Förderungsmittel verwendet wurden, ist deren Laufzeit maßgebend. Bei allen anderen Investitionen ein Zwanzigstel. Der Anspruch ist dem Vermieter bei sonstigem Anspruchsverlust gegen Vorlage der Rechnungen schriftlich anzuzeigen, und zwar a) bei einvernehmlicher Auflösung des Mietverhältnisses spätestens zum Zeitpunkt dieser Auflösung; b) bei Aufkündigung durch den Hauptmieter spätestens mit der Aufkündigung; c) in allen übrigen Fällen binnen zwei Monaten ab Eintritt der Rechtskraft der gerichtlichen Kündigung oder eines Urteils über die Räumung des Mietgegenstandes, bei früherer Zurückstellung des Mietgegenstandes spätestens mit dieser Zurückstellung. Keinen Ersatzanspruch hätten Sie, wenn der Vermieter berechtigterweise seine Zustimmung verweigert oder an die Verpflichtung zur Wiederherstellung des früheren Zustandes gebunden hat oder mangels Anzeige der beabsichtigten Veränderung verhindert war, weder das eine noch das andere zu tun.

OGH: Die Parabolantenne

Jeder Wohnungseigentümer hat grundsätzlich ein Recht auf Satelliten-Hörfunk- und -Fernsehprogramme, auch wenn dazu die Errichtung einer Parabolantenne erforderlich ist. Zu beachten ist jedoch das äußere Erscheinungsbild des Hauses.

Neben 13 weiteren Wohnungseigentümern besitze auch ich eine Eigentumswohnung. Meine Idee zur Errichtung einer Parabolantenne samt Mast auf dem Dach unseres Hauses stößt auf Ablehnung, obwohl niemand gestört würde und eine bescheidmäßige Genehmigung vorliegt. Wie kann ich die Errichtung erreichen?

Wie der OGH in einer Entscheidung vom 2. Jänner 1991 in 5 Ob 95/90 festgestellt hat, muß sich kein Wohnungseigentümer auf den Empfang bestimmter Fernseh- oder Hörfunkprogramme einschränken lassen. Er hat aber auf Beeinträchtigungen schutzwürdiger Interessen der anderen Miteigentümer auch im Zuge künftiger Entwicklungen Bedacht zu nehmen. »Notwendige Antennen« sind nicht nur herkömmliche Zimmer- und Dachantennen, sondern auch solche, die nach dem Stand der jeweiligen Technik den Empfang von über Satelliten ausgestrahlten Programmen ermöglichen. Wenn also mit der bereits bestehenden Antenne der Empfang von Satelliten-Hörfunk- und -Fernsehprogrammen nicht möglich ist, ist dem Antrag zur Errichtung einer Parabolantenne stattzugeben, wenn dadurch die schutzwürdigen Interessen der übrigen Eigentümer nicht beeinträchtigt werden und das äußere Erscheinungsbild des Hauses nicht darunter leidet.

Wer trägt Kosten für Boiler?

Der Mieter muß sowohl die Kosten für die Reparatur eines kaputten als auch jene für die Anschaffung eines neuen Boilers bezahlen.

Wir sind Mieter einer Altbauwohnung. Der Warmwasserboiler ist kaputt und läßt sich nicht mehr reparieren. Müssen wir als Mieter für die Kosten des neuen Boilers aufkommen oder ist der Vermieter dazu verpflichtet?

Nach § 8 Abs. 1 MRG hat der Hauptmieter den Mietgegenstand und die für diesen bestimmten Einrichtungen, wie im besonderen die Licht-, Gas-, Wasserleitungs-, Beheizungs- (einschließlich von zentralen Wärmeversorgungsanlagen) und sanitären Anlagen so zu warten und – soweit es sich nicht um die Behebung von ernsten Schäden des Hauses handelt – so instand zu halten, daß dem Vermieter und den anderen Mietern des Hauses kein Nachteil erwächst. Ein ernster Schaden des Hauses ist immer dann gegeben, wenn das Bestandsobjekt aufgrund seines Zustandes oder durch die Unbenützbarkeit von Anlagen des Hauses zum bedungenen Gebrauch nicht mehr verwendet werden kann.
Nach der Rechtsprechung, in Auslegung des § 8 Abs. 1 des MRG, können Schäden am Durchlauferhitzer nicht zu den ernsten Schäden des Hauses gezählt werden, so daß deren Behebung, auch in Form einer Neuanschaffung, dem Mieter obliegt.

Gemeinsame Miete

Beide Mieter haften dem Vermieter gegenüber solidarisch (zur ungeteilten Hand) für die Bezahlung des Zinses.

Mein Freund und ich sind Hauptmieter einer Altbauwohnung. Wir haben beide den Mietvertrag unterschrieben. Vor kurzem hat mein Freund seinen Arbeitsplatz verloren und zahlt nicht mehr, wie vereinbart, die Hälfte der Miete. Er verbringt den ganzen Tag in Lokalen. Da er sich auch nicht um Arbeit bemüht und es sich auf meine Kosten gutgehen läßt, will ich, daß er auszieht. Bin ich berechtigt, ihn aus der Wohnung zu weisen?

Leider nein! Da sowohl Sie als auch Ihr Freund den Hauptmietvertrag unterschrieben haben, haften Sie beide als Hauptmieter zur ungeteilten Hand für die ordnungsgemäße Bezahlung des Mietzinses. Es handelt sich hier um eine sogenannte »Solidarhaftung«; das bedeutet, wenn einer den Mietzins nicht bezahlt, dann hat der andere den gesamten Betrag voll zu bezahlen. Wenn Sie die Wohnung nicht verlieren wollen, müßten Sie allein den vollen Mietzins bezahlen, haben aber kein Recht, Ihren Freund zum Verlassen der Wohnung aufzufordern bzw. ihn vor die Tür zu setzen. Auch der Vermieter ist dazu nicht berechtigt, solange der Mietzins bezahlt wird und einer der Mieter die Wohnung bewohnt. Sie sind aber berechtigt, nach Bezahlung die Hälfte der Miete von Ihrem Freund zu verlangen. Was das Innenverhältnis zwischen Ihnen und Ihrem Freund betrifft, sind nach Lehre und Rechtsprechung die gesetzlichen Bestimmungen des Miteigentums anzuwenden.

Zinsen für die Kaution?

Nach OGH hat der Vermieter die Kaution zinsbringend anzulegen, wenn das Mietverhältnis den Zins betreffend in den Schutzbereich des Mietrechtsgesetzes fällt.

Mein Sohn wohnt seit acht Jahren in einer Altbauwohnung. Zu Beginn des Mietverhältnisses hat er eine Kaution in Höhe von 24.000 Schilling erlegt. Da er aus beruflichen Gründen wegzieht, wird er dieses Mietverhältnis beenden. Einen schriftlichen Mietvertrag gibt es nicht, der Vermieter hat aber den Erhalt der Kaution schriftlich bestätigt und ist auch bereit, ihm diese zurückzugeben, jedoch ohne Zinsen. Hat mein Sohn Anspruch auf die Zinsen?

Nach Ansicht des OGH ist diese Frage zu bejahen. Der OGH vertritt nämlich in einer seiner Entscheidungen die Meinung, daß die Kaution vom Vermieter zinsbringend anzulegen ist. Es gibt allerdings auch gegenteilige Lehrmeinungen, so daß diese Rechtsfrage an sich als strittig zu bezeichnen ist. Dennoch wird man sich der Auffassung des OGH anschließen müssen. Das würde also bedeuten, daß der Vermieter Ihrem Sohn die Kaution verzinst zurückerstatten muß, unabhängig davon, ob eine Verzinsung vereinbart wurde oder nicht. Sollte der Vermieter dazu aber nicht bereit sein, kann Ihr Sohn zu Gericht gehen und – unter Hinweis auf diese OGH-Entscheidung – die Zinsen einklagen.

Die Grundstücksmiete

Da Mietverträge über Grundstücke dem ABGB unterliegen, gilt, was vereinbart wurde.

Meine Mutter und ich haben seit zehn Jahren ein Grundstück gemietet. Das Recht zur Benützung des Grundstückes wurde uns schriftlich auf unbestimmte Zeit eingeräumt. Wir bezahlen dafür jährlich 5000 Schilling. Der Grundstückseigentümer hat jetzt erklärt, das Mietverhältnis mit uns zu beenden, weil er das Grundstück für sich selbst benötigt. Kann er das so ohne weiteres?

Ja, dazu ist der Grundstückseigentümer berechtigt. Obwohl es sich aufgrund Ihrer Angaben sowohl um einen Pachtvertrag als auch um eine Grundstücksmiete handeln kann, ist diese Klarstellung für die Beantwortung Ihrer Frage unbedeutend. Dies deshalb, weil sowohl ein Pachtverhältnis – wenn es nicht auf bestimmte Zeit abgeschlossen wurde – als auch eine Grundstücksmiete – falls auch diese nicht auf bestimmte Zeit abgeschlossen wurde – jederzeit ohne Angabe von Gründen kündbar ist. Als Kündigungsfrist gilt bei solchen Verträgen, die dem ABGB unterliegen, was vertraglich vereinbart wurde. Sollte jedoch im Vertrag diesbezüglich nichts vereinbart worden sein, so gelten die gesetzlich vorgeschriebenen Kündigungsfristen. Die Kündigung muß hier nicht gerichtlich erfolgen, es genügt ein eingeschriebener Brief.

Kündigungsschutz bei Ferienwohnung?

Meine Familie und ich verbringen die Ferien sehr gerne auf dem Land. Ich habe daher vor sechs Jahren in einem alten Bauernhof eine Wohnung gemietet. Der Vermieter hat jetzt auf einmal gekündigt, obwohl der Mietvertrag auf unbestimmte Zeit abgeschlossen wurde. Haben wir nicht Kündigungsschutz?

Bei der Vermietung einer Wohnung als Zweitwohnung zu Zwecken der Erholung oder Freizeitgestaltung gilt das MRG nicht, sondern nur das, was vereinbart wurde, und es besteht kein Kündigungsschutz.

Wohnungen oder Wohnräume, die vom Mieter bloß als Zweitwohnung zu Zwecken der Erholung oder Freizeitgestaltung gemietet werden, fallen dann nicht unter den Kündigungsschutz, wenn daneben ein gewöhnlicher Aufenthalt im Sinne des § 66 der Jurisdiktionsnorm noch an einem anderen Ort besteht. Wenn das in Ihrem Fall zutrifft, dann fällt dieses Mietverhältnis nicht unter die Bestimmungen des MRG. Das heißt, daß Sie keinen Kündigungsschutz genießen. Der Vermieter ist somit berechtigt, ohne Angabe von Gründen das Mietverhältnis aufzukündigen. In einem Mietvertrag über eine Ferienwohnung gilt, was vereinbart wurde. Hätten Sie den Mietvertrag auf bestimmte Zeit abgeschlossen, so wären beide Vertragspartner, also sowohl Sie als auch der Vermieter, an die vereinbarte Zeit gebunden. Ein solcher Mietvertrag könnte vor Ablauf der vereinbarten Zeit nur gemäß § 1118 ABGB bei nachteiligem Gebrauch, Untergang des Mietobjektes oder Nichtbezahlung des Mietzinses vorzeitig aufgelöst werden oder wenn ein vorzeitiger Auflösungsgrund vereinbart wurde.

Die Studentenmiete

Mit Studenten können in jedem Mietobjekt schriftlich befristete Mietverträge abgeschlossen werden. Der Kündigungsschutz besteht bei Beachtung der gesetzlichen Vorschriften grundsätzlich nur während der Befristung.

Wir möchten unser Haus vorübergehend an Studenten vermieten. Was ist zu beachten?

Das MRG bietet nur wenige Möglichkeiten, einen befristeten Mietvertrag abzuschließen, ohne daß ein Mieter danach Kündigungsschutz genießt. Eine davon ist der Studentenmietvertrag. Im § 29 Abs. 2 MRG heißt es: Ist bei Wohnungen oder Wohnräumen, die vom Mieter zu Zwecken eines Hochschulstudiums, einer Lehrlingsausbildung, des Besuchs einer AHS oder BHS oder einer vergleichbaren Ausbildung gemietet werden, im Mietvertrag schriftlich vereinbart worden, daß er mit Beendigung oder Abbruch der Ausbildung erlischt, so wird der Mietvertrag auch mit dem Eintritt dieser Bedingung aufgelöst. Jedenfalls erlischt aber ein solcher Vertrag dann, wenn der Mieter das 27. Lebensjahr vollendet hat, sofern der Mietvertrag zu diesem Zeitpunkt noch nicht fünf Jahre gedauert hat oder der Mieter bei Vertragsabschluß das 27. Lebensjahr bereits vollendet hatte, jedenfalls mit dem Ablauf von fünf Jahren nach Abschluß des Vertrages. Es ist daher ratsam, die Studienrichtung festzuhalten und zu verlangen, daß ein Studiennachweis erbracht wird. Achtung: Sollte jedoch das Mietverhältnis nach Studienabbruch weiterlaufen, könnte das als stillschweigende Verlängerung gelten und Kündigungsschutz bringen.

Vergebührung eines Mietvertrages

Wir sind schon ein betagtes Ehepaar. Da uns das Wohnen in unserem Haus am Stadtrand sehr beschwerlich ist (mit Schneeschaufeln im Winter etc.), werden wir in eine Stadtwohnung ziehen. Wir beabsichtigen daher, unser Haus zu vermieten. Ist für die Vermietung eine Gebühr zu entrichten?

Miete auf unbestimmte Zeit: 1 Prozent vom dreifachen Bruttojahresmietzins; Miete auf bestimmte Zeit: 1 Prozent vom Bruttomonatsmietzins für die Vertragsdauer.

Ja. Die Berechnung der Vergebührung bei einem schriftlichen Mietvertrag hängt davon ab, ob der Mietvertrag auf bestimmte oder unbestimmte Zeit abgeschlossen wird. Wurde der Mietvertrag auf unbestimmte Zeit abgeschlossen, beträgt die Bemessungsgrundlage den dreifachen Bruttojahresmietzins, d. h. inkl. Betriebskosten, öffentliche Abgaben und MwSt. Davon 1 Prozent ist die Gebühr, die an die Finanz zu entrichten ist.
Wenn der Mietvertrag auf bestimmte Zeit abgeschlossen wird, ist die Bemessungsgrundlage der Bruttomonatszins für die vereinbarte Vertragsdauer. 1 Prozent von dieser Summe ergibt die Gebühr, die an die Finanz zu bezahlen ist. Beispiel: Bei einer fünfjährigen Vertragsdauer ist das 1 Prozent vom fünfjährigen Bruttomonatszins. Dazu kommt die Gebühr für die Urkunde (= Mietvertrag), wobei der erste Bogen frei ist und für jeden weiteren eine Stempelgebühr von 120 Schilling zu entrichten ist. Es gibt aber auch Mischformen, wonach eine bestimmte und unbestimmte Dauer zur Berechnung herangezogen wird.

Wohnungseigentum bei Ehepaaren

Zur Übertragung der halben Eigentumswohnung bzw. Wohnungshälfte ist eine Urkunde (Kauf- oder Schenkungsvertrag) erforderlich, die jedoch kein Notariatsakt sein muß!

Mein Mann und ich sind schon in vorgerückten Jahren. Die Eigentumswohnung, in der wir wohnen, gehört mir allein. Ich möchte meinem Mann die Hälfte noch zu Lebzeiten übergeben, damit er nach meinem Tod unseren zwei Kindern weniger ausbezahlen muß. Ist das möglich?

Ja. Obwohl nach § 8 des Wohnungseigentumsgesetzes beim Wohnungseigentum Unteilbarkeit besteht, macht der Gesetzgeber bei Ehegatten eine Ausnahme. Das bedeutet, daß Sie die Hälfte Ihrer Eigentumswohnung Ihrem Mann übertragen können.
Die Folge der Übertragung der halben Eigentumswohnung ist, daß nach dem Ableben eines Ehepartners nur die Hälfte der Eigentumswohnung in den Nachlaß fällt. Nach § 10 des Wohnungseigentumsgesetzes gilt zudem für den Fall des Todes eines Ehegatten eine Sonderregelung. Danach erhält grundsätzlich der überlebende Ehegatte den Anteil des Verstorbenen an der Eigentumswohnung. Er muß dann Ihren beiden Kindern den Pflichtteil nur vom Wert der halben Wohnung bezahlen, weil die Rechtsprechung die Übertragung der halben Wohnung nicht als reine Schenkung ansieht.

Vermietung von Geschäftsräumen

Seit beinahe 30 Jahren führe ich mit meinem Mann ein Delikatessengeschäft in einem Jugendstilhaus am Hauptplatz einer Kleinstadt. Vorher hatten es schon meine Eltern geführt. Plötzlich teilte uns der nunmehrige Erbe dieses Hauses (er hat noch ein schönes Haus, in dem er mit seiner Familie wohnt) mit, daß er kündigen wolle und wir das Geschäft zu räumen hätten. Ist er dazu berechtigt?

Nein, der Vermieter ist dazu nicht berechtigt. Bei der Vermietung von Geschäftsräumen besteht grundsätzlich Kündigungsschutz. Das heißt, daß das Mietverhältnis nur bei Vorliegen eines wichtigen Kündigungsgrundes nach § 30 MRG gerichtlich aufgekündigt werden kann. Da ein solcher Kündigungsgrund nach Ihren Angaben nicht vorliegt, würde eine gerichtliche Kündigung von seiten des Vermieters erfolglos bleiben. Sie können daher Ihr Geschäft beruhigt weiterführen.

Grundsätzlich besteht bei Geschäftsräumen Kündigungsschutz. Ausnahme bei befristeter Miete, wenn das Mietobjekt nach dem 31. Dezember 1967 ohne öffentliche Mittel errichtet wurde oder wenn Wohnungseigentum besteht und maximal für zehn Jahre vermietet wurde.

Vermietung einer Eigentumswohnung

Achtung! Die Befristung gilt nur, wenn sie schriftlich festgehalten ist und zehn Jahre nicht übersteigt.

Ich möchte meine Eigentumswohnung vermieten. Was muß ich beachten, damit der Mieter keinen Kündigungsschutz erwirbt, und auf wie lange kann ich die Wohnung vermieten?

Eine der wenigen Möglichkeiten, die der Gesetzgeber vorsieht, einen auf bestimmte Zeit befristeten Mietvertrag abzuschließen, ohne Gefahr laufen zu müssen, daß der Mieter Kündigungsschutz erwirbt, ist die Vermietung einer Eigentumswohnung. Bis zum 1. März 1991 konnten Eigentumswohnungen auf maximal fünf Jahre befristet an ein und denselben Mieter vermietet werden, ohne daß der Mieter Kündigungsschutz erworben hätte. Seitdem wurde die Befristung auf zehn Jahre erstreckt, wobei jedoch dem Mieter das Recht eingeräumt wurde, innerhalb der letzten fünf Jahre den Mietvertrag vor Ablauf der vereinbarten Zeit zum Monatsletzten, unter Einhaltung einer dreimonatigen Kündigungsfrist, gerichtlich aufzukündigen. Grundvoraussetzung ist, mit dem Mieter schriftlich festzuhalten, daß das Mietverhältnis ohne vorherige Kündigung durch Ablauf der vereinbarten Zeit zu diesem Zeitpunkt automatisch endet.

10. Kapitel Nachbarschaftsprobleme

Viele persönliche Streitigkeiten resultieren aus der Unkenntnis nachbarschaftsrechtlicher Grundsätze. Die Kenntnis der Normen, die das nachbarschaftliche Verhalten regeln, kann von vornherein Streitigkeiten ausschließen, kann aber auch vor manch böser (= teurer) Überraschung schützen.

Grenzstreitigkeiten zwischen Nachbarn

Strittige oder unkennbar gewordene Grenzen können vom Gericht neu festgelegt werden.

Ich habe ständig Schwierigkeiten mit meinem Nachbarn wegen der Grundgrenze, an der meine einzige Zufahrt liegt (er verstellt meine Zufahrt seit einiger Zeit mit Pkws, wodurch er mich in der Ausübung meines landwirtschaftlichen Betriebes behindert). Der Nachbar behauptet plötzlich, daß die Zufahrt auf seinem Grund liege und ich diese nur gegen jederzeitigen Widerruf und unentgeltlich benützen dürfe. Da für mich und meine Vorbesitzer nie ein Zweifel daran bestand, daß diese Zufahrt in unserem Eigentum steht, ließen wir auch nie ein Servitutsrecht ins Grundbuch eintragen. Habe ich nun die Möglichkeit, eine gerichtliche Festlegung der Besitzgrenzen gegen den Willen des Nachbarn zu veranlassen?

Ja, nach § 850 ABGB hat nämlich jeder Nachbar das Recht, die gerichtliche Erneuerung oder Berichtigung der Grenze zu verlangen, wenn die Grenzzeichen zwischen zwei Grundstücken durch irgendwelche Umstände so verletzt worden sind, daß sie ganz unkenntlich werden könnten, oder wenn die Grenzen wirklich unkennbar oder strittig sind.
Der Fragesteller hat daher die Möglichkeit, ohne Zustimmung des Nachbarn einen diesbezüglichen Antrag an das zuständige Bezirksgericht zu stellen, welches im sogenannten Außerstreitverfahren zu entscheiden hat.

Der verschwundene Grenzstein

Eine Berichtigung der Grenze kann durch das zuständige Bezirksgericht erfolgen, wenn der Nachweis des ursprünglichen Grenzverlaufes bzw. der länger-währenden Nutzung gelingt.

Der Grenzstein zwischen dem Nachbargrund und meinem ist verschwunden. Nach der Behauptung des Nachbarn verläuft die Grenze mit 30 Meter Länge und 1 Meter Breite auf seinem Grundstück. Aus der Katastermappe geht aber hervor, daß der fragliche Streifen mir gehört. Da ich und meine Vorgänger diesen Streifen zusammen ca. 20 Jahre benützt haben, möchte ich wissen, ob es eine Möglichkeit gibt, den wahren Verlauf der Grenze zu fixieren.

Das Eigentum an einem Grundstück wird nicht nach den Mappengrenzen (ausgenommen, es besteht bereits ein sogenannter Grenzkataster, durch welchen die Eigentumsgrenze für beide Teile bestimmt ist), sondern nach den tatsächlichen Gegebenheiten erworben und ausgeübt.
Wenn nun der Grenzstein verschwunden ist und sich dadurch Unsicherheiten über den Grenzverlauf ergeben haben, besteht die Möglichkeit, beim zuständigen Bezirksgericht im außerstreitigen Verfahren eine Erneuerung bzw. Berichtigung der Grenzen zu beantragen. Wenn jemand im Rahmen dieses Verfahrens nachweisen kann, wie die ursprüngliche Grenze verlaufen ist und wie die letzten ruhigen Besitzstände unbestritten gewesen sind, müßte im Ergebnis vom Gericht eine Entscheidung zu seinen Gunsten erfolgen.

Wann muß ein Zaun errichtet werden?

Nach der Rechtsprechung ist ein Zaun dann nötig, wenn ein Bedürfnis danach vorhanden ist bzw. Schaden droht.

Auf meinem Grundstück habe ich einen kleinen Teich angelegt. Da das Grundstück nicht eingezäunt ist, besteht die Gefahr, daß nicht nur ein Nachbarkind, sondern auch fremde Menschen darin ertrinken könnten. Bin ich nun verpflichtet, mein Grundstück einzuzäunen, oder wie kann ich mich schützen, daß ich nicht zur Verantwortung gezogen werde, falls ein fremder Mensch in meinem Teich ertrinken sollte?

Über die Verpflichtung zur Errichtung eines Zaunes entscheidet grundsätzlich der Ortsgebrauch bzw. die örtlichen Gegebenheiten. Nach dem Gesetz besteht nur dann eine Verpflichtung, einen Zaun zu errichten, wenn durch das Fehlen des Zaunes für den Nachbarn oder einen Fremden ein Schaden zu befürchten ist.
Der Teich stellt eine echte Gefahr dar, daß jemand zu Schaden kommen, sprich ertrinken könnte. Der Fragesteller hat daher die Pflicht, das Grundstück einzuzäunen, um nicht verantwortlich zu sein, wenn jemand ertrinken sollte. Bis dahin sollte er eine Verbotstafel mit dem Hinweis »Betreten verboten« aufstellen.

Wer muß einen Zaun errichten?

Bei Neuerrichtung ist immer die rechte Seite des Haupteinganges entscheidend.

Im Sinne der Bestimmung des § 858 ABGB besteht nur dann die Verpflichtung, einen Zaun zu errichten oder instand zu halten, wenn aus dem Fehlen eines Zaunes bzw. durch den schlechten Zustand eines bestehenden Zaunes für den angrenzenden Nachbarn ein Schaden zu befürchten ist.

In einem solchen Fall trifft die Verpflichtung, einen notwendigen Zaun *neu zu errichten*, den Eigentümer »auf der rechten Seite seines Haupteinganges« (wenn man zum Eingang hinblickt). Zäune, für die diese Voraussetzung nicht zutrifft, muß ein Grundstückseigentümer auf eigene Kosten errichten.

Wer muß einen Zaun instand halten?

Die Instandhaltungspflicht trifft grundsätzlich den Eigentümer.

Meine Eltern haben vor vierzig Jahren ein Haus gebaut und das Grundstück auf allen vier Seiten eingezäunt. Ein Nachbar hat vor zwei Jahren daneben gebaut, so daß nun eine Seite der Umzäunung gemeinsam ist. Wer ist jetzt verpflichtet, die Erhaltung dieses gemeinsamen Zaunes durchzuführen und zu bezahlen?

Die herrschende Lehre und Rechtsprechung unterscheidet zwischen der Zaunerrichtungspflicht und der Instandhaltungspflicht für einen schon bestehenden Zaun.
Bezüglich der Instandhaltungspflicht wird überwiegend die Meinung vertreten, daß diese den Zauneigentümer trifft, unabhängig davon, ob er verpflichtet wäre, bei Fehlen eines Zaunes einen solchen zu errichten. Zu bemerken ist auch, daß ein Zaun dadurch, daß er auch dem Nachbarn zugute kommt, nicht »gemeinsam« wird, sondern weiterhin im Eigentum desjenigen steht, der den Zaun auf seinem eigenen Grund errichtet hat.

Wie muß ein Zaun beschaffen sein? Welcher Abstand muß eingehalten werden?

Ein Zaun sollte auf jeden Fall zur Gänze auf dem Grundstück des Zaunerrichters stehen.

Es gibt an sich keine gesetzlichen Vorschriften darüber, wie ein Zaun beschaffen sein muß und wo er zu stehen hat. Man unterscheidet aber grundsätzlich zwischen lebenden und künstlichen Zäunen (wie z. B. Bretter-, Draht-, Maschenzaun etc.).
Jedenfalls muß ein Zaun zur Gänze auf dem Grundstück des Zaunerrichters stehen. Die Grenzsteine jedoch stehen meist je zur Hälfte auf den angrenzenden Grundstücken. Die Fundamentierung des Zaunes wird so vorgenommen, daß das Fundament bis zur Mitte des Grenzsteines reicht. In der Mitte der Fundamentierung steht dann der Zaun, der somit zur Gänze auf eigenem Grund steht.
Bei lebenden Zäunen gibt es, wenn das Nachbargrundstück nicht landwirtschaftlich genutzt wird, keine gesetzlichen Bestimmungen, wie und wo er gepflanzt werden und wie hoch er werden darf. Man geht von dem Grundsatz aus, daß auf eigenem Grund jedermann Bäume, Sträucher und Hecken nach Belieben pflanzen kann. Dieses Recht wird – wiederum von landwirtschaftlichen Grundstücken abgesehen – nur im geringen Umfang durch die Straßenverkehrsordnung eingeschränkt.

Wann bedarf die Errichtung des Zaunes einer Bewilligung?

Lebende Zäune bedürfen grundsätzlich keiner Bewilligung; künstliche nur bei Vorliegen bestimmter Umstände.

Die Pflanzung sogenannter lebender Zäune (also Bäume, Sträucher und Hecken) ist nach der Steiermärkischen Bauordnung grundsätzlich nicht genehmigungspflichtig.
Die Errichtung von Zäunen, die eine Einfriedung im verbauten Gebiet gegen öffentliche Verkehrsflächen herstellen, und die Errichtung von Einfriedungsmauern selbst bedürfen jedoch der Bewilligung durch die Baubehörde (= Bürgermeister).
Darüber hinaus dürfen nach der Straßenverkehrsordnung an Einfriedungen, die von einer Straße nicht mehr als 2 Meter entfernt sind, spitze Gegenstände wie Stacheldraht etc. nur in einer Höhe von mehr als 2 Metern über der Straße und dann auch nur so angebracht werden, daß eine Gefährdung der Straßenbenützer nicht möglich ist. Weitere Beschränkungen gibt es bei Bundesautobahnen und bei Bundesschnellstraßen.

Darf man zur Erhaltung des Zaunes den Nachbargrund betreten?

Das Betreten des Nachbargrundstückes zur Erhaltung von lebenden Zäunen ist grundsätzlich verboten.

Bei einem lebenden Zaun (z. B. Thujenhecke) sind Arbeiten zur Zaunerhaltung auf dem Grundstück des Nachbarn (z. B. Schneiden der Thujen) nur mit dessen Zustimmung erlaubt. Im anderen Fall würde man eine Besitzstörung begehen. Es ist daher ratsam, gleich beim Pflanzen eines lebenden Zaunes – obwohl keine gesetzliche Verpflichtung dazu besteht – einen Abstand zum Nachbargrund einzuhalten, damit man seine Thujen später auch auf eigenem Grund schneiden kann. Dann muß man weder den Nachbarn bitten, das Schneiden der Thujen zu dulden, noch läuft man Gefahr – sollte der Nachbar streitsüchtig sein –, von diesem mit einer Besitzstörungsklage belangt zu werden. Bei Grenzmauern, deren Herstellung vom eigenen Grund aus nicht möglich ist, kann man § 13 der Steiermärkischen Bauordnung 1968 anwenden. Danach hat der Eigentümer eines Grundstückes gegen Ersatz des Schadens zu dulden, daß sein Grundstück vom Nachbargrundstück aus im unbedingt erforderlichen Ausmaß betreten wird und die notwendigen Gerüste aufgestellt werden, wenn die obangeführten Arbeiten anderweitig nicht bewerkstelligt werden können.

Fußbälle auf Nachbars Grund

Gegen Immissionen vom Nachbargrund kann man sich mit einer Unterlassungsklage wehren.

Entlang unseres Sportplatzes liegt ein Maisacker, auf den immer wieder die Fu´bälle fallen und dort Schaden anrichten. Der Eigentümer des Maisackers fordert, daß der Sportverein dort einen Zaun errichtet. Als Obmann dieses Sportvereines möchte ich nun wissen, ob die Errichtung eines solchen Zaunes (immerhin ca. 100.000 Schilling) wirklich gefordert werden kann.

Der geschilderte Sachverhalt ist nach § 364 Abs. 2 ABGB zu beurteilen, wonach der Eigentümer eines Grundstückes dem Nachbarn die von dessen Grund ausgehenden Einwirkungen untersagen kann, wenn diese das nach den örtlichen Verhältnissen gewöhnliche Maß überschreiten und die ortsübliche Benützung des Grundstückes wesentlich beeinträchtigen.
Eine derartige unstatthafte Immission kann auch durch immer wieder auf einen Maisacker fallende Fußbälle verursacht werden. Fraglich ist jedoch, ob deswegen der betroffene Grundeigentümer die Errichtung eines Zaunes b egehren kann. Denn nach der herrschenden Rechtsprechung ist in den Fällen des § 364 Abs. 2 ABGB die Klage auf Unterlassung der Immissionen und nicht auf Erwirkung bestimmter Schutzmaßnahmen zu richten. Es muß dem Betroffenen überlassen sein, im Falle seiner Veruretilung entsprechend wirksame Maßnahmen zur Hintanhaltung der Immission zu treffen.

Welche Vorschriften gelten für einen Maschendrahtzaun?

Für einen Maschendrahtzaun besteht im allgemeinen keine Abstands- und Bewilligungspflicht.

Ich beabsichtige, mein Grundstück mit einem Maschendrahtzaun einzufrieden. Welche gesetzlichen Vorschriften muß ich beachten, und ist dafür auch die Zustimmung des Nachbarn und der Baubehörde einzuholen?

Grundsätzlich ist jeder Grundeigentümer berechtigt, entlang seiner Grundgrenze, jedoch noch auf eigenem Grund, einen Zaun zu errichten, außer es stehen dem Nachbarn entsprechende Verbotsrechte (z. B. bei Vorliegen bestimmter Umstände nach dem Jagdgesetz u. dgl.) zu.
Wenn es sich um die Einfriedung (gegenüber dem Nachbargrundstück) mit einem Maschendrahtzaun handelt, so kann dieser unmittelbar an der Grenze errichtet werden, jedoch so, daß er noch zur Gänze auf dem Grundstück des Errichters steht. Die Einhaltung eines Abstandes zum Nachbargrundstück ist gesetzlich nicht vorgeschrieben. Auch die Bewilligung durch die Baubehörde ist nicht erforderlich, da lediglich Einfriedungen in verbautem Gebiet gegen öffentliche Verkehrsflächen und Einfriedungsmauern überhaupt einer solchen bedürfen.

Wie weit müssen Bienenstöcke vom Nachbargrund entfernt sein?

Mein Nachbar möchte ganz in der Nähe meines Hauses Bienenstöcke aufstellen. Da dies für uns sehr unangenehm und für die Kinder sogar gefährlich sein könnte, möchte ich wissen, wie weit die Bienenstöcke von der Grundgrenze entfernt sein müssen.

Bienenstöcke müssen mindestens sieben Meter vom Nachbargrundstück entfernt sein.

Nach § 4 des Steiermärkischen Bienenzuchtgesetzes (ähnliche gesetzliche Regelungen sehen die anderen Bundesländer vor) ist bei Neuaufstellen von Hausbienenständen, deren Flugöffnungen gegen ein fremdes Grundstück gerichtet sind, ein Mindestabstand von 7 Metern von der Grundgrenze bis zum Hausbienenstand einzuhalten. Es können aber auch Bienenstände in geringerer Entfernung aufgestellt werden, wenn die Flugöffnungen dem Nachbargrundstück abgewendet sind.
Allerdings hat der Oberste Gerichtshof in einer Entscheidung ausgesprochen, daß selbst bei Einhaltung der einschlägigen landesgesetzlichen Bestimmungen auch bei der Bienenhaltung Ansprüche nach der Bestimmung des § 364 Abs. 2 ABGB (nachbarrechtlicher Immissionsschutz) erhoben werden können. Danach können vom Nachbargrund ausgehende mittelbare Einwirkungen untersagt werden, wenn diese das nach den örtlichen Verhältnissen gewöhnliche Maß überschreiten und die ortsübliche Benützung des Nachbargrundes wesentlich erschweren.

Worauf Waldbesucher achten sollten

Waldbesucher müssen bestimmte Vorschriften beachten, um sich nicht strafbar zu machen.

1. Das Waldbetretungsrecht erlaubt nach dem Forstgesetz, den Wald und alle Forststraßen für Erholungszwecke zu betreten und sich dort aufzuhalten (Ausnahmen: Jungwald, forstbetriebliche Einrichtungen u. dgl.).
2. Das Fahren mit Rädern (z. B. Mountainbikes), das Reiten, Zelten oder Lagern, das Starten und Landen mit Hänge- und Paragleitern bedarf der Erlaubnis des Waldeigentümers.
3. Verboten ist das Feuerentzünden, das Wegwerfen von brennenden oder glimmenden Gegenständen wie Zigaretten, Zündhölzer usw.
4. Abfälle dürfen nicht weggeworfen werden. Ansonsten muß der Verursacher die Kosten der Entfernung sowie die Verwaltungsstrafen tragen.
5. Das Sammeln von Pilzen, Beeren und Kräutern ist grundsätzlich im Ausmaß von maximal bis zu 2 Kilo pro Tag erlaubt. Der Waldeigentümer kann dieses Ausmaß durch Tafeln einschränken oder ausdehnen.

Für Waldbesucher, die gegen diese Bestimmungen verstoßen, sieht das Forstgesetz (je nach dem Tatbestand) einen Strafrahmen bis zu 50.000 Schilling vor.

Wem gehört der Baum an der Grenze?

Ein Baum, dessen Stamm auf den Grenzen mehrerer Eigentümer steht, gehört allen Eigentümern gemeinsam.

Ist ein Nachbar berechtigt, einen Baum, dessen Stamm auf den Grenzen mehrerer Eigentümer steht, ohne Erlaubnis der übrigen zu schlägern und abzutransportieren?

Es handelt sich hier um einen »Grenzbaum« im Sinne des § 421 ABGB. Nach dieser Bestimmung steht ein solcher Baum im gemeinsamen Eigentum der Nachbarn. Es heißt dort wörtlich: »Das Eigentum eines Baumes wird nicht nach den Wurzeln, die sich in einem angrenzenden Grunde verbreiten, sondern nach dem Stamme bestimmt, der aus dem Grund hervorragt. Steht der Stamm auf den Grenzen mehrerer Eigentümer, so ist ihnen der Baum gemein.«
Da der Baum also »auf den Grenzen mehrerer Eigentümer« steht, somit ein echter »Grenzbaum« ist, besteht gemeinsames Eigentum an diesem Baum.
Es darf daher einer der Miteigentümer des Baumes ohne Einwilligung der anderen diesen Baum weder schlägern noch abtransportieren.

Überhängende Äste

Überhängende Äste muß der Baumeigentümer nicht entfernen, der Nachbar hat aber das Recht, dies auf eigene Kosten zu tun.

Auf dem Nachbargrundstück von Frau A befindet sich ein sehr hoher Baum, dessen Äste weit in ihr Grundstück ragen. Frau A fragt nun, was sie dagegen unternehmen kann.

Nach § 422 ABGB darf jeder Grundeigentümer die Wurzeln eines fremden Baumes aus seinem Boden reißen und die über seinem Luftraum hängenden Äste abschneiden oder sonstwie benützen, jedoch nicht zur Unzeit, das heißt, wenn durch die Jahreszeit bedingt der Baum in seinem gesamten Bestand Schaden erleiden könnte. Daraus folgt, daß der Baumeigentümer (also der Nachbar) nicht verpflichtet ist, die auf den Grund von Frau A ragenden Äste oder in diesen eindringende Wurzeln zu entfernen. Frau A hat aber das Recht, dies selbst zu tun oder auf eigene Kosten machen zu lassen, und zwar ohne Anspruch auf Rückersatz dieser Kosten.
Frau A gebühren aber die Früchte des Überhangs, und zwar sowohl die auf den überhängenden Ästen als auch die auf ihren Grund gefallenen Früchte.

Die Nachbarbäume nehmen mir die Sonne

Das Grundstück von Herrn A grenzt an einen Hochwald. Die Äste einiger Bäume ragen in sein Grundstück und nehmen ihm alle Sonne. Herr A fragt nun, ob er den Nachbarn zwingen kann, diese »Schattenspender« zu entfernen.

Der Schatten muß bei Gefährdung des Waldes geduldet werden. Es besteht aber Anspruch auf Entschädigung.

Nach § 422 ABGB bestünde, wie wir gesehen haben (siehe S. 296), die Möglichkeit, die Äste dieser Bäume abzuschneiden. Da es sich aber um einen Wald handelt, kommt das Forstgesetz zur Anwendung. Der § 14 Abs. 1 des Forstgesetzes 1975 bestimmt: »Der Eigentümer eines am Wald angrenzenden Grundstückes hat aus dem nachbarlichen Wald das Überhängen von Ästen in den Luftraum und das Eindringen von Wurzeln in das Erdreich seines Grundstückes dann zu dulden, wenn die Beseitigung den Wald einer Gefährdung durch Wind oder Sonnenbrand aussetzen würde. Wird durch das Überhängen von Ästen oder das Eindringen von Wurzeln die ortsübliche Benützung des nachbarlichen Grundstückes wesentlich beeinträchtigt, so hat dessen Eigentümer Anspruch auf angemessene Entschädigung.«
Sollte diese Situation zutreffen, muß Herr A die »Schattenspender« dulden, hat aber allenfalls Anspruch auf Entschädigung.

Der Holzstapel am Nachbarzaun

Ein Holzstapel darf nicht auf den Zaun des Nachbarn gestützt werden.

Der Holzstapel meines Nachbarn befindet sich direkt neben meinem Zaun und überragt diesen bereits um einen Meter. Durch den Druck des Holzes steht der Zaun bereits ganz schief. Meinem Ersuchen, den Holzstapel auf die Zaunhöhe zu reduzieren, kommt der Nachbar leider nicht nach. Hat er das Recht, sein Holz so nahe und so hoch an meinen Zaun zu schlichten, oder kann ich ihn gerichtlich belangen?

Der Fragesteller kann zwar vom Nachbarn die Reduzierung der Höhe des auf seinem eigenen Grund gelagerten Holzstapels nicht begehren, wenn dadurch nicht eine Einwirkung erfolgt, die das nach den örtlichen Verhältnissen gewöhnliche Maß überschreitet und ihm die ortsübliche Benützung seines Grundstückes wesentlich erschwert. Der Nachbar hat aber nicht das Recht, diesen Holzstapel auf dem benachbarten Gartenzaun abzustützen und dadurch eine Verdrängung des Zaunes herbeizuführen. In dieser Hinsicht könnte man von ihm verlangen, daß die Abstützung des Holzstapels auf dem Nachbarzaun beseitigt wird. Sollte der Zaun dadurch schon Schaden erlitten haben, könnte auch die Wiederherstellung des früheren Zustandes verlangt werden.

Der Nachbar baut direkt an meinem Zaun einen Weg

Bauliche Maßnahmen dürfen die Stabilität des Nachbargrundes nicht beeinträchtigen.

Ich habe auf einer Länge von 30 Metern von Grenzstein zu Grenzstein, also genau an der Grundgrenze, einen festen Zaun errichtet – mit solidem Betonfundament, Eisensäulen und Drahtgeflecht. Nun baut der Nachbar einen Weg und rückt ganz an die Betonfundamente meines Zaunes heran, so daß hier im Rutschgelände der Zaun schon etwas abgesunken und das Fundament gefährdet ist. Ist der Wegbau des Nachbarn in dieser Art zulässig?

Nein, denn § 364 b ABGB besagt: »Ein Grundstück darf nicht in der Weise vertieft werden, daß der Boden oder das Gebäude des Nachbarn die erforderliche Stütze verliert, es sei denn, daß der Besitzer des Grundstückes für eine genügende anderweitige Befestigung Vorsorge trifft.«
Der Fragesteller hat daher aufgrund dieser gesetzlichen Bestimmung die Möglichkeit – nötigenfalls im Prozeßweg beim zuständigen Gericht –, vom Nachbarn die Wiederherstellung der »erforderlichen Stütze« zu verlangen oder allenfalls Ersatz in Geld zu begehren.

Die lästigen Hühner des Nachbarn

Bei außergewöhnlicher Geruchs- oder Lärmbelästigung durch Hühner kann auf Unterlassung und Schadenersatz geklagt werden.

Unser Nachbar hat direkt neben der Grundgrenze einen Hühnerstall errichtet. Die Geruchs- und Lärmbelästigung ist dadurch fast unerträglich. Wenn der Hühnerstall offen ist, laufen die Hühner in unserem direkt daneben liegenden Gemüsegarten herum und richten Schaden an. Müssen wir uns das alles gefallen lassen?

Da für die Hühnerhaltung in ländlichen Gegenden keine besonderen Vorschriften bestehen, kommt hiefür, wie auch für die Belästigung durch frei herumlaufende Hühner, der § 364 Abs. 2 ABGB betreffend den nachbarrechtlichen Immissionsschutz in Betracht. Danach kann der Eigentümer eines Grundstückes dem Nachbarn die von dessen Grund ausgehenden Einwirkungen, im besonderen auch durch Geruch, Lärm u. dgl., dann untersagen, wenn diese das nach den örtlichen Verhältnissen gewöhnliche Maß überschreiten und die ortsübliche Benützung des Grundstückes wesentlich beeinträchtigen.
Wenn der Fragesteller überzeugt ist, daß diese gesetzlichen Voraussetzungen bezüglich der Hühnerhaltung des Nachbarn und der Belästigung durch die herumlaufenden Hühner zutreffen, müßte er eine *Klage auf Unterlassung* dieser Einwirkungen sowie auf Schadenersatz beim zuständigen Bezirksgericht einbringen.

Der bellende Nachbarhund

Übermäßige Lärmbelästigungen durch Nachbarhunde können durch Unterlassungsklage abgestellt werden.

Meine Frau und ich haben unter vielen Opfern auf eine Villa gespart, die am Stadtrand liegt, um unsere nunmehr eingetretene Pensionszeit in Ruhe genießen zu können. Seit einiger Zeit hat unser Nachbar zwei Hunde, die leider Tag und Nacht, oft auch im Duett, kläffen. Da dieser Zustand von uns nicht länger auszuhalten ist – Gespräche mit dem Nachbarn blieben leider erfolglos –, möchten wir gerne wissen, welchen Weg wir beschreiten müssen, um diese Belästigung abzustellen.

Hier besteht die Möglichkeit, eine Unterlassungsklage nach § 364 Abs. 2 ABGB gegen den Hundehalter einzubringen, wenn das Kläffen seiner Hunde das nach den örtlichen Verhältnissen gewöhnliche Maß überschreitet und den Nachbarn dadurch die ortsübliche Benützung ihres Grundstückes wesentlich erschwert wird. Diese gesetzliche Bestimmung hat der OGH auch im Falle der Beeinträchtigung der Nachbarschaft durch lautes Bellen und Heulen von Hunden für anwendbar erklärt.

Wenn Musik in Lärm ausartet

Ungebührlicher Lärm kann mit den Mitteln des Verwaltungs- und des Zivilrechtes bekämpft werden.

Wie sagte Wilhelm Busch: »Musik wird oft nicht schön empfunden, wenn sie mit zuviel Geräusch verbunden ...«
Diese Erfahrung mußte auch Herr A machen, der eine Eigentumswohnung hat und dessen Nachbar einer Blaskapelle angehört und zu Hause frühzeitig oder auch spätabends mit seiner Trompete übt. Da Herr A oft aus dem Schlaf gerissen wird, wenn der Nachbar plötzlich loslegt, möchte er wissen, ob er das als Wohnungseigentümer so einfach hinnehmen muß.

Nein. Einerseits ist nach Landespolizeigesetzen die ungebührliche Erregung störenden Lärms verboten und als Verwaltungsübertretung strafbar. Nach der Rechtsprechung des Verwaltungsgerichtshofes kann auch eine Musikdarbietung (wie übermäßig lautes Trompetenblasen, Klavierspielen oder eine zu laut eingestellte Stereoanlage) eine ungebührliche Erregung störenden Lärms darstellen. Andererseits stellt Lärm unter denselben Voraussetzungen eine Immission dar, die untersagt werden kann. Und schließlich kann nach § 22 des Wohnungseigentumsgesetzes (WEG) ein Miteigentümer, der sich rücksichtslos, anstößig oder sonst grob ungehörig verhält und dadurch den Mitbewohnern das Zusammenwohnen verleidet, von der Mehrheit der anderen Eigentümer ausgeschlossen werden, sofern es sich nicht den Umständen nach um geringfügige Fälle handelt.
Sollte also mit Hilfe der Polizei keine Abhilfe möglich sein, könnte auch der Zivilrechtsweg beschritten werden.

Wie wehre ich mich als Mieter gegen einen lauten Nachbarn?

Der OGH hat in einer jüngeren Entscheidung erstmals auch einem Wohnungs*mieter* das Recht eingeräumt, sich bei Lärmeskapaden direkt gegen diesen störenden Nachbarn zur Wehr zu setzen, ohne sich an den Hauseigentümer wenden zu müssen. Dieses Recht stand bis dahin nur einem Grundeigentümer und dem Eigentümer einer Eigentumswohnung zu. Wurden diese Personen durch ungebührlichen Lärm des Nachbarn belästigt, konnten sie gegen den Störenfried eine Unterlassungsklage nach § 364 Abs. 2 ABGB einbringen.

Auch ein Wohnungsmieter kann seinen Nachbarn direkt auf Unterlassung klagen, wenn dieser ungebührlichen Lärm erzeugt.

Nunmehr hat dieses Recht *auch ein Mieter.* Anlaß zu dieser Entscheidung war die Klage eines Mittelschulprofessors, Mieter einer Stadtwohnung, der sich durch häufiges Klopfen des Nachbarn mit einem Besen gegen die Decke durch die unter ihm wohnenden Mieter gestört fühlte. Er klagte diesen nachbarlichen Mieter auf Unterlassung. Der OGH fand, daß die direkte Klage gegen einen störenden Nachbarn nach § 364 Abs. 2 ABGB auch dem Mieter einer Wohnung zustehen muß. Das bedeutet, daß nunmehr auch der Wohnungsmieter den Nachbarn direkt auf Unterlassung klagen kann, wenn der Lärm, der von diesem ausgeht, das nach den örtlichen Verhältnissen gewöhnliche Maß überschreitet und dadurch die Benützung seiner Wohnung wesentlich beeinträchtigt.

Schmerzensgeld für lärmgeschädigten Mieter?

Bei Erkrankung durch ungebührlichen Lärm kann Schmerzensgeldanspruch bestehen.

Seit Jahren bewohne ich mit meiner Familie eine Altbauwohnung. Vor ca. zwei Jahren wurde die Wohnung unter uns an Musikstudenten vermietet. Diese musizieren von früh bis spät unter anderem mit Schlagzeug und Trompeten in einer Weise, daß wir nunmehr alle an ständigen Kopfschmerzen und Schlafstörungen leiden. Besteht in so einem Fall Anspruch auf Schmerzensgeld?

Ja, nach einer Entscheidung des OGH (3 Ob 531/88) besteht Anspruch auf Schadenersatz, wenn der Lärm zu »bestimmten Verletzungsfolgen« führt. Der OGH: »§ 1325 ABGB sieht bei Verletzung am Körper die Zahlung von Schmerzensgeld vor. Eine Körperverletzung ist jede Beeinträchtigung der körperlichen und geistigen Gesundheit und Unversehrtheit. Die Verletzung muß nicht äußerlich sichtbar sein. Auch innere Verletzungen oder Nervenschäden fallen unter den Begriff ›Körperverletzung‹; ebenso massive Einwirkungen in die psychische Sphäre (z. B. Herbeiführen eines Schocks).«

OGH: Schadenersatz für Immissionen durch eine Autobahn

Wind- und Schneebruchschäden durch Autobahn werden ersetzt.

Dem Eigentümer eines großen Waldbestandes sollen für die Errichtung einer Autobahn Teile des Waldgrundstückes enteignet werden. Da diese Teile, für die der Eigentümer eine Entschädigung bekommen soll, gerodet werden müssen, ist mit Wind- und Schneebruchschäden auf dem verbleibenden Waldgrundstück zu rechnen. Bekommt der Eigentümer diese künftigen Schäden auch ersetzt?

Ja, denn der OGH hat in seiner Entscheidung vom 19. April 1989 festgehalten, daß sich ein Grundnachbar gegen den Bestand einer Autobahn zwar nicht durch Unterlassungsansprüche zur Wehr setzen kann, er hat aber Anspruch auf Ersatz des Schadens, der auf typische, von der Autobahn ausgehende Immissionen (Einwirkungen) an seiner Liegenschaft zurückzuführen ist. Das gilt auch für Windbruchschäden infolge von Rodungen für die Autobahn. Die Bestimmungen des Nachbarrechtes gelten somit auch für das Verhältnis von öffentlichen Straßen zu Privatgrundstücken.

Dachlawine als unzulässige Immission

Das Abgehen von Schneelawinen vom Nachbardach ist laut OGH eine unzulässige Immission. Der dadurch bedrohte Nachbar kann Unterlassung und Schadenersatz begehren.

Vorigen Winter sind vom Dach des Nachbarhauses Schneemassen auf unsere Thujen gerutscht und haben diese ruiniert. Da unser Ersuchen, auf dem Dach Schneefänger anzubringen, erfolglos blieb, möchten wir wissen, wie wir uns dagegen wehren können, daß unsere Thujen dieses Jahr wieder durch den Schnee kaputt werden.

Gemäß § 364 Abs. 2 ABGB kann der Eigentümer eines Grundstückes vom Nachbarn die von dessen Grund ausgehenden Einwirkungen dann untersagen, wenn sie das nach den örtlichen Verhältnissen gewöhnliche Maß überschreiten und die ortsübliche Benützung des Grundstückes wesentlich beeinträchtigen. Wenn durch derartige Immissionen ein Schaden am Nachbargrundstück entstanden ist, kann bei Verschulden auch der Ersatz des Schadens begehrt werden.
Der OGH hat schon im Jahr 1972 das Abgehen von Schneelawinen vom Nachbardach als unzulässige Immission nach § 364 Abs. 2 ABGB qualifiziert und den Nachbarn verpflichtet, für die erlittenen Nachteile volle Entschädigung zu leisten. Die Fragesteller können daher von ihrem Nachbarn entsprechende Vorkehrungen wie z. B. das Anbringen von Schneefängern verlangen, damit künftig keine Schneelawinen mehr auf ihr Grundstück abgehen, und außerdem für den bereits eingetretenen Schaden einen entsprechenden Ersatz begehren.

Wer haftet für Schäden durch umstürzenden Nachbarbaum?

Unser Haus ist 4 Meter vom Nachbargrund, auf dem eine alte Lärche steht, entfernt. Der Baum neigt sich so stark in Richtung unseres Hauses, daß zu befürchten ist, daß er schon bei einem kleineren Windstoß auf unser Haus fällt. Wer muß dann für einen allfälligen Schaden aufkommen?

Für umstürzende Bäume haftet der Eigentümer, wenn er nicht beweisen kann, daß er alle erforderliche Sorgfalt hat walten lassen.

Der Eigentümer des Grundstückes, auf dem der Baum steht, müßte dem Nachbarn Ersatz leisten, wenn dieser durch das Umstürzen seines Baumes in seinen Rechten bzw. seinem Eigentum Schaden erleidet. § 1319 ABGB regelt eine Schadenshaftung mit umgekehrter Beweislast für den Fall, daß durch den Einsturz oder die Ablösung von Teilen eines Gebäudes oder sonstigen Werkes ein Schaden verursacht wird. Unter »Werk« werden auch Bäume verstanden. Fällt also ein morscher Baum um oder bricht ein Ast eines morschen Baumes ab, dann ist sein Eigentümer zum Schadenersatz verpflichtet, wenn er nicht beweisen kann, daß er alle zur Abwendung der Gefahr erforderliche Sorgfalt angewendet hat. Vorsichtshalber wäre es im oben geschilderten Fall jedoch ratsam, den Nachbarn schriftlich vom Zustand des Baumes in Kenntnis zu setzen.

Das Dachrinnenwasser des Nachbarn überschwemmt meinen Grund

Die unmittelbare Zuleitung von Dachrinnen-wasser stellt eine unzulässige Immission dar.

Das Haus meines Nachbarn ist nun fertig. Störend für mich ist dabei, daß das Wasser von der Dachrinne seines Hauses auf meinen Grund rinnt. Jedesmal, wenn es regnet, habe ich eine Überschwemmung. Was kann ich dagegen tun?

Wenn das Wasser von der Dachrinne des Nachbarhauses auf fremden Grund rinnt, besteht die Möglichkeit – wenn versöhnliche Gespräche erfolglos bleiben –, auf der Grundlage des § 364 Abs. 2 ABGB vom Nachbarn die Abstellung dieses Mißstandes zu begehren. Eine unmittelbare Zuleitung ist nämlich ohne besonderen Rechtstitel, d. h. ohne Genehmigung des Betroffenen, nach dem Gesetz unter allen Umständen unzulässig.
Das Zuführen von Oberflächenwässern aus der Dachrinne, wie im oben geschilderten Fall, stellt eine solche unmittelbare Zuleitung dar und ist daher grundsätzlich unzulässig. Zur Hintanhaltung dieser Immissionen vom Nachbargrund steht dem betroffenen Grundnachbarn der Anspruch auf Untersagung und allfälliger Schadenersatz zu. Sollte jedoch die vorliegende Beseitigung der Oberflächenwässer mit Bescheid der Baubehörde genehmigt sein, so hat der Betroffene lediglich Anspruch auf Schadenersatz.

Schäden durch Schneeräumung

Neben Anspruch auf Unterlassung besteht auch ein Schadenersatzanspruch.

Meine Frau und ich sind Eigentümer einer größeren Liegenschaft, die mit einem Jägerzaun, der vollständig auf unserem Grund steht, eingefriedet ist. Jedes Jahr wird der Zaun bei der Schneeräumung mit dem Gemeindeschneepflug durch die weggeschobenen Schneemassen beschädigt. Im Frühjahr muß er dann immer ausgebessert, teilweise sogar erneuert werden. Müssen wir uns das gefallen lassen? Wie ist hier die Rechtslage?

Wenn durch Organe der Gemeinde schuldhaft ein Schaden zugefügt wird, so kann grundsätzlich von der Gemeinde hiefür Ersatz begehrt werden. Primär würde ich aber dazu raten, Einvernehmen mit dem Bürgermeister herzustellen und nach Möglichkeit die Angelegenheit in Güte zu bereinigen. Sollte dies nicht möglich sein, könnte man die Gemeinde sowohl auf Unterlassung, hinkünftig mit dem Schneepflug den Zaun zu beschädigen, als auch auf Schadenersatz klagen.

Eine Dachlawine beschädigt den Nachbarzaun

Bei Dachlawinen trifft die Beweislast für die Einhaltung der gebotenen Sorgfalt den Hauseigentümer.

Vom Dach des neu erbauten Nachbarhauses (ohne Schneefänger) sind Schneelawinen auf unseren Jägerzaun gepoltert. Der Schaden war beachtlich. Da der Nachbar nicht bereit ist, uns den Schaden zu ersetzen, möchte ich wissen, ob es rechtliche Wege gibt, ihn dazu zu zwingen.

Nach herrschender Lehrmeinung kommt hier § 1319 ABGB analog zur Anwendung, der besagt: »Wird durch Einsturz oder Ablösung von Teilen eines Gebäudes oder eines anderen auf einem Grundstück aufgeführten Werkes jemand verletzt oder sonst ein Schaden verursacht, so ist der Besitzer des Gebäudes oder Werkes zum Ersatz verpflichtet, wenn die Ereignung die Folge der mangelhaften Beschaffenheit des Werkes ist und er nicht beweist, daß er alle zur Abwendung der Gefahr erforderliche Sorgfalt angewendet hat.« Hier müßte also der Nachbar nachweisen, daß er alle Sorgfalt zur Abwendung der Gefahr angewendet hat. Das kann er nicht, da er auf seinem Dach keine Schneefänger, die nach § 26 Abs. 5 der Steiermärkischen Bauordnung vorgeschrieben sind, angebracht hat. Daher ist eine Klage nach § 1319 ABGB möglich und aussichtsreich.

Wer muß einen Privatweg erhalten?

Mir gehört ein Privatweg, der mit Servituten belastet ist und den ich selbst nicht benütze. Zu beiden Seiten des Weges befinden sich zehn Einfamilienhäuser. Da die Anrainer nicht bereit sind, sich an den Kosten der Erhaltung des Weges zu beteiligen, möchte ich wissen, ob ich als Eigentümer des Weges verpflichtet bin, allein für diese Kosten aufzukommen, obwohl ich ihn nicht benütze. Muß ich auch für die Schneeräumung sorgen?

Die Wegbenützer haben den Weg im ordentlichen Zustand zu erhalten und anteilig zu den Kosten beizutragen.

Da es sich um einen privaten Servitutsweg handelt, kommt § 483 ABGB zur Anwendung. Danach ist der Aufwand zur *Erhaltung* und Herstellung der Sache, die zur Dienstbarkeit bestimmt ist, in der Regel von den Berechtigten zu tragen. Im besonderen ergänzt hiezu noch § 494 ABGB, daß zur Erhaltung eines Weges, von Brücken und Stegen alle Personen oder Grundbesitzer verhältnismäßig beizutragen haben, denen der Gebrauch dieser Einrichtungen zusteht.

Da der Fragesteller selbst den Weg nicht benützt, ist er auch nicht verpflichtet, zur Erhaltung oder Schneeräumung beizutragen, außer er oder seine Rechtsvorgänger haben sich hiezu vertraglich verpflichtet.

Wieviel müssen Servitutsberechtigte für Asphaltierung bezahlen?

Die Höhe der Asphaltierungskosten richtet sich nach dem Umfang der Wegbenützung.

Wir wohnen am Beginn eines Privatweges, der jetzt asphaltiert werden soll. Da manche Anrainer – wir sind alle Servitutsberechtigte – den Weg nur 10 Meter benützen, andere wiederum 100 oder 600 Meter, möchte ich wissen, wie die Kosten, die für die Asphaltierung des Weges aufzubringen sind, aufgeteilt werden sollen.

Eine genaue gesetzlich hiefür anwendbare Bestimmung gibt es nicht. Es könnten jedoch die Bestimmungen zur Erhaltung von Servitutswegen angewendet werden. Danach haben laut §§ 483 und 494 ABGB zur Servitutswegerhaltung alle Personen oder Grundbesitzer, denen der Gebrauch zusteht, verhältnismäßig beizutragen. »Verhältnismäßig« bedeutet nach Maßgabe des jeweiligen Benützungsumfanges. Das heißt, daß eine umfangmäßig größere Benützung auch erhöhte Beiträge bedingt.
Wenn der Fragesteller den Weg nur ca. 10 Meter benützt, ein anderer aber 600 Meter, wird er einen verhältnismäßig geringeren Beitrag zu den Asphaltierungskosten bezahlen müssen.

Wer haftet, wenn jemand auf dem Weg stürzt?

Für Unfälle haftet der Wegehalter, allerdings nur bei grober Fahrlässigkeit.

Ich bin Eigentümer eines Privatweges, der nicht öffentlich genutzt wird. Neben mir benützen noch fünf Servitutsberechtigte den Weg. Wer haftet nun, wenn jemand aufgrund von Schlaglöchern oder Glatteis zu Schaden kommt?

Über die Haftung für den Zustand eines Weges bestimmt § 1319a ABGB: »Wird durch den mangelhaften Zustand eines Weges ein Mensch getötet, an seinem Körper oder an seiner Gesundheit verletzt oder eine Sache beschädigt, so haftet derjenige für den Ersatz des Schadens, der für den ordnungsgemäßen Zustand des Weges als Halter verantwortlich ist, sofern er oder einer seiner Leute den Mangel vorsätzlich oder grob fahrlässig verschuldet hat.«
Der OGH sieht in der groben Fahrlässigkeit eine auffallende Sorglosigkeit, wodurch ein Schadenseintritt nicht nur möglich, sondern sogar als wahrscheinlich vorauszusehen ist (z. B. ein bereits bekanntes Schlagloch wird nicht ausgebessert u. dgl.).
Halter eines Weges ist der, der die Kosten für die Errichtung und Erhaltung des Weges trägt und die Verfügungsmacht hat, die entsprechenden Maßnahmen zu setzen.
Unter Zugrundelegung dieser Rechtslage haftet der Fragesteller neben den Servitutsberechtigten zur ungeteilten Hand für den Schaden, der durch den mangelhaften Zustand des Weges (z. B. bei Schlaglöchern oder Glatteis) eingetreten ist.

Kann ein Privatweg zum öffentlichen Gut erklärt werden?

Bei dringendem Verkehrsbedürfnis ist grundsätzlich die Öffentlicherklärung eines Privatweges möglich.

Diese Frage regelt § 6 Abs. 1 des Steiermärkischen Landesstraßenverwaltungsgesetzes 1964 in der Fassung Nr. 133/1974, der besagt: »Läßt sich ein dringendes Verkehrsbedürfnis in anderer Weise ohne unverhältnismäßige Kosten nicht befriedigen oder wird die Umlegung einer öffentlichen Straße aus wichtigen Gründen notwendig, so kann auch eine bestehende Privatstraße auf Antrag einer oder mehrerer Gemeinden oder der Landesregierung von der Bezirksverwaltungsbehörde oder, wenn sich die Straße auf mehrere politische Bezirke erstreckt, von der Landesregierung nach Anhören der bisher Berechtigten und Feststellung des unabweislichen Bedürfnisses aufgrund eines Augenscheines durch Enteignung als öffentlich erklärt werden.«

Im Hinblick auf die bestehende Gesetzeslage muß also ein öffentliches Interesse an der Benützung des Weges gegeben sein, damit ein Privatweg auch gegen den Willen der Eigentümer für öffentlich erklärt werden kann. In so einem Fall ist nach den Enteignungsbestimmungen des Landesstraßenverwaltungsgesetzes (§ 50) ein Enteignungsverfahren durchzuführen, wobei aber der (die) Eigentümer im Rahmen dieses Verfahrens seine (ihre) Rechte wahrnehmen kann (können). Sollte sich herausstellen, daß der Weg für die Öffentlichkeit erforderlich ist, steht dem (den) Eigentümer(n) eine Entschädigung zu. Im anderen Fall bleibt der Weg ein Privatweg.

Ähnliche Regelungen sehen auch die anderen Bundesländer vor.

Wer trägt die Kosten für einen öffentlichen Interessentenweg?

Die Kosten zur Wegerhaltung haben grundsätzlich die Liegenschaftsbesitzer und die Verkehrsinteressenten verhältnismäßig zu tragen.

Uns und drei weiteren Familien gehört zu je einem Viertel ein öffentlicher Interessentenweg, den auch noch sieben andere Familien benützen. Da eine Wegsanierung bevorsteht, möchten wir wissen, wie die Aufteilung der Sanierungskosten zu erfolgen hat.

§ 45 Abs. 1 des Steiermärkischen Landesstraßenverwaltungsgesetzes bestimmt, daß die Kosten der Herstellung und Erhaltung öffentlicher Interessentenwege (d. h. jener Wege, die dem ausschließlichen Verkehrsinteresse der anrainenden Besitzer dienen) den Liegenschaftsbesitzern oder sonstigen Verkehrsinteressenten zur Last fallen. Die Gemeinde ist jedoch verpflichtet, einen entsprechenden Beitrag zu leisten. Über das Ausmaß und die Art der Beitragsleistung zu den Kosten für die Herstellung und Erhaltung eines öffentlichen Interessentenweges entscheidet auf Anfrage oder von Amts wegen die Gemeinde. Wenn es zur Sicherstellung der Erhaltung von öffentlichen Interessentenwegen erforderlich ist, kann die Gemeinde durch Verordnung auch eine öffentlich-rechtliche Weggenossenschaft gründen, deren Mitglieder zur Beitragsleistung verpflichtet sind. Grundsätzlich sind die Kosten verhältnismäßig nach Maßgabe des jeweiligen Benutzungsumfanges bei gleichzeitiger Berücksichtigung der Beitragsleistung der Gemeinde von den einzelnen Benützern zu bezahlen.
In den anderen Bundesländern bestehen ähnliche gesetzliche Regelungen.

Einräumung eines Notweges

Hat eine Liegenschaft keine Verbindung mit dem öffentlichen Wegenetz, so ist auf Antrag ein Notweg vom Gericht einzuräumen.

Ich habe einen Grund mit ca. 1000 Quadratmetern. Da ich zu meinem Grundstück weder einen öffentlichen Zugang noch eine öffentliche Zufahrt habe, bin ich gezwungen, über den Grund meines Nachbarn zu gehen bzw. zu fahren. Diese für mich nicht gerade zufriedenstellende Situation dauert nun schon ein Jahr lang an. Da mir aber der Nachbar die Zufahrt jetzt verbieten will, möchte ich wissen, ob es so etwas wie eine Notzufahrt gibt.

Ja, nach dem Notwegegesetz kann die Einräumung eines Notweges über fremde Liegenschaften begehrt werden, wenn das Fehlen der Zufahrt nicht auf eine auffallende Sorglosigkeit des Betroffenen zurückzuführen ist. Nach dem Notwegegesetz ist grundsätzlich dann ein Notweg einzuräumen, wenn eine Liegenschaft keine Verbindung zum öffentlichen Wegenetz hat. Zu diesem Zweck müßte beim zuständigen Bezirksgericht ein entsprechender Antrag auf Einräumung eines Notweges im sogenannten außerstreitigen Verfahren gestellt werden. Bei einer Einräumung eines Notweges muß aber auch eine angemessene Entschädigung geleistet werden.
Auffallende Sorglosigkeit liegt insbesondere dann vor, wenn der Erwerber des Grundstückes, für das er ein Notwegerecht beansprucht, seiner Erkundigungspflicht vor Erwerb des Grundstückes nicht nachgekommen ist (z. B. Einsichtnahme in das Grundbuch, Rücksprache mit dem Nachbarn u. dgl.).

Wer ist für die Gehsteigreinigung verantwortlich?

Von meinem Onkel habe ich ein Haus in der Stadt geerbt. Da der Winter vor der Tür steht, möchte ich wissen, wer den Gehsteig vor meinem Haus reinigen, von Schnee räumen und bei Glatteis streuen muß.

Stürzt ein Passant bei Glatteis auf dem nicht gestreuten Gehsteig, haftet der Hauseigentümer bei Verschulden.

Antwort auf diese Frage gibt § 93 Abs. 1 der Straßenverkehrsordnung (StVO), der lautet: »Die Eigentümer von Liegenschaften in Ortsgebieten, ausgenommen die Eigentümer von unverbauten land- und forstwirtschaftlichen Liegenschaften, haben dafür zu sorgen, daß die entlang der Liegenschaft in einer Entfernung von nicht mehr als 3 Metern vorhandenen, dem öffentlichen Verkehr dienenden Gehsteige und Gehwege einschließlich der in ihrem Zuge befindlichen Stiegenanlagen entlang der ganzen Liegenschaft in der Zeit von 6 bis 22 Uhr von Schnee und Verunreinigungen gesäubert sowie bei Schnee und Glatteis bestreut sind. Ist kein Gehsteig (Gehweg) vorhanden, so ist der Straßenrand in der Breite von 1 Meter zu säubern und zu bestreuen.«

Meist bedient sich der Hauseigentümer zur Erfüllung dieser Pflichten eines Hausbesorgers und haftet dann für dessen Verschulden wie für sein eigenes. Überträgt er diese Pflichten jedoch einem selbständigen Unternehmen, so haftet er nur noch für das Auswahlverschulden (d. h. wenn man ihm nachweisen kann, daß er eine nicht kompetente Firma beauftragt hat).

In einer Fußgängerzone oder Wohnstraße ohne Gehsteige gilt die zitierte Bestimmung für einen 1 Meter breiten Streifen entlang der Häuserfronten.

Geh- und Fahrverbotstafel wird nicht beachtet

Bei Mißachtung einer Fahrverbotstafel kann sowohl eine Besitzstörungs- als auch eine Unterlassungsklage eingebracht werden.

An den beiden Zufahrten zu unserem Weg (es ist ein Privatweg, der sieben Miteigentümern gehört) sind Verbotstafeln zur Verhinderung der Durchfahrt Fremder aufgestellt. Es kommt aber öfters vor, daß ein Fremder trotz Verbotstafel unseren Weg als Durchfahrt benützt. Welche rechtliche Möglichkeit besteht, um diesen Mißstand abzustellen? Muß hier die Mehrheit der Eigentümer vorgehen, oder kann dies auch ein Eigentümer allein? Wer muß für allfällige Kosten aufkommen?

Wenn Unbefugte einen reinen Privatweg benützen, so könnten diese beim zuständigen Bezirksgericht entweder auf Besitzstörung oder auf Unterlassung geklagt werden. Da es sich hiebei um Eingriffe in das Eigentum bzw. Miteigentum handelt und nach der herrschenden Rechtsprechung jeder Miteigentümer befugt ist, Eingriffe in das gemeinsame Eigentum abzuwehren, könnte eine derartige Klage von jedem einzelnen Miteigentümer erhoben werden. Wenn mit der Prozeßführung ein Rechtsanwalt betraut wird, dann muß im Ergebnis derjenige für die Anwalts- und Gerichtskosten aufkommen, der den Prozeß verliert.

Besteht Anschlußpflicht an das öffentliche Kanalnetz?

Vor 14 Jahren haben wir in der Steiermark ein Haus gebaut und dabei von der Gemeinde die Auflage bekommen, eine Kläranlage mit Sickergrube zu errichten. Kosten ca. 16.000 Schilling. Jetzt sollen wir uns gegen viel Geld an das öffentliche Kanalnetz anschließen. Kann uns die Gemeinde dazu zwingen?

Grundsätzlich ist jeder Liegenschaftseigentümer verpflichtet, sich an das öffentliche Kanalnetz anzuschließen. Nach dem Gesetz besteht bei Vorliegen bestimmter Umstände Anschlußpflicht.

Da eine Sickergrube mit Kläranlage nicht mehr dem Stand der Technik entspricht, gibt Antwort auf diese Frage § 4 Abs. 1 des Kanalgesetzes 1988, der besagt: »In Gemeinden, in denen öffentliche Kanalanlagen betrieben oder errichtet werden, sind die Eigentümer von bebauten Grundstücken verpflichtet, die Schmutz- und Regenwässer ihrer bestehenden oder künftig zu errichtenden Bauwerke auf eigene Kosten über die öffentliche Kanalanlage abzuleiten, sofern die kürzeste Entfernung eines Bauwerkes von dem für den Anschluß in Betracht kommenden Kanalstrang nicht mehr als 100 Meter beträgt. Befinden sich Grundstücke im Bauland und wird ein zusammenhängender Baulandbereich durch einen Kanalstrang erschlossen, so entsteht die Anschlußpflicht unabhängig vom Abstand zum Kanalstrang. In diesem Fall hat jedoch der Anschlußverpflichtete die Kosten für die Hauskanalanlage, Instandhaltung und Reinigung nur für eine Anschlußlänge von höchstens 100 Metern zu tragen.«

Sollte also das Haus in unserem Beispiel nicht mehr als 100 Meter vom öffentlichen Kanalnetz entfernt sein oder sich in einem zusammenhängenden Baulandbereich befinden, der durch einen

Kanalstrang erschlossen wurde (hier unabhängig von der Anschlußlänge), so ist der Eigentümer verpflichtet, sich an das öffentliche Kanalnetz anzuschließen.
Ähnliche gesetzliche Regelungen sehen auch die übrigen Bundesländer vor.